MA PRE
ANNÉE DE

BY

SHEILA M. SMITH, M.A., L. ès L.

LATE HEADMISTRESS, ORME GIRLS' SCHOOL, NEWCASTLE-UNDER-LYME

FORMERLY SENIOR MODERN LANGUAGES MISTRESS

LUTON HIGH SCHOOL

UNIVERSITY TUTORIAL PRESS LTD

842 Yeovil Road, Slough SL1 4JQ

Published 1954
Reprinted 1955, 1956, 1957, 1958, 1960, 1964, 1969, 1973, 1976, 1978

ISBN: 0 7231 0684 3

Printed in Great Britain by
Biddles Ltd, Guildford, Surrey

PREFACE

THIS book, being the first of a five-year course for pupils in secondary schools, aims at giving a sound introduction to the French language, with plenty of material for both oral and written work.

A feature of the book is the introduction of the Present Tense of **-er** verbs *before* **être** and **avoir.** In theory, this is a sound principle and is recommended in the I.A.A.M's publication, *The Teaching of Modern Languages*. In practice, it is very likely that parts, at least, of the Present of **être** will have been introduced in oral work before the textbook comes into use at all. Nevertheless, it seems desirable, in the first chapters, to concentrate on regular **-er** verbs. **Être** is introduced in Chapter IV, and **avoir** in Chapter VI. Other irregular verbs are introduced gradually and all are thoroughly revised in the next book: *En Deuxième Année*.

The exercises are numerous and some are extremely simple. It is not likely that any class will work through them all. The intention is to give the teacher as wide a choice as possible and to provide for the needs of classes which work at varying speeds. Very special attention has been paid, in the exercises, to constant revision, and a point once learned is never dropped. The only translation exercises given are those which concentrate on a particular grammatical point (the possessive adjective, for example). The aim has been to help the pupil to attain fluency in reading and in answering questions, to acquire good habits of accuracy in both oral and written work, and to begin to write simple free compositions.

Those teachers who like to concentrate on the Present Tense only, in the first year, will find adequate material for a full year's work in Chapters I-XVIII. Many classes are ready for at least an introduction to the Perfect and Future Tenses towards the end of the first year. The Perfect with **avoir** (regular verbs only) is introduced in Chapter XIX, and the Future is used in Chapters XXII-XXIV.

It is hoped that *Ma Première Année de Français* will help to stimulate an interest in the land of France and her people as well as in their language.

The author acknowledges with gratitude the help given to her by Dr Liliane Fearn, Lecturer at Birkbeck College, who read the manuscript and the proofs of the text. Thanks are also due to all those who have so readily given permission for the reproduction of copyright material. Individual acknowledgments will be found in the text.

TABLE DES MATIÈRES

SOUND TABLES

I. THE SIXTEEN PURE VOWEL SOUNDS

	Phonetic Symbol	*Important Groups of Letters*	*Examples*
1	i	**i, y.**	il finit; y, Yves, Yvonne.
2	e	é. **e** followed by final mute consonant (except **t**) **et,** meaning *and.* **-ai** (verb ending).	le bébé; l'été. les nez; les pieds; visiter; visitez. et. j'ai.
3	ɛ	**è, ê.** **e** followed by two consonants. **-ai-, -ei-.** **-aid, -ais, -ait.** **-et.**	la règle; la tête. elle est. ai-je?; la maîtresse; la Seine. laid; mais; le lait. le ballet.
4	a	**a.** **amm, ann; emm, enn.**	la table. constamment; l'année; la femme; solennel.
5	ɑ	**â.** **-as, -ase.**	le gâteau; pâle. pas; le vase. Note sound 5 in these words: Jeanne, Jacques, chocolat, climat.
6	ɔ	**o** (see also No. 7). **-um.**	la porte; la robe. l'album.
7	o	**o,** whenever the sound is final. **ô.** **au, eau.**	le numéro; des os; le mot. drôle. jaune; l'eau chaude; beau.
8	u	**ou.**	la bouche; le coucou. N.B.—août [u].
9	y	**u.**	la plume, le pupitre; tu.

	Phonetic Symbol	*Important Groups of Letters*	*Examples*
10	ϕ	**eu,** final.	deux yeux bleus. Note sound 10 in these words: des œufs [dezϕ]; **jeudi.**
11	œ	**eu** in all cases not under 10.	la fleur; la sœur.
12	ə	**e.**	le; me; te.
13	ɛ̃	**in, im; ain, aim.**	cinq; simple; le pain; la faim.
		ein, ien.	le frein; **le chien; bien.**
14	ɑ̃	**an, am; en, em.**	la lampe blanche; la dent; le temple.
15	ɔ̃	**on, om.**	bon; la pompe.
16	œ̃	**un, um.**	lundi; un; humble.

Sound Table II

	Phonetic Symbol	*Important Groups of Letters*	*Examples*
	ʃ	**ch.**	le chat.
	ɲ	**gn.**	la montagne.
	j	**(i)ll.**	la gentille fillette.
	ʒ	**j.**	je; la jambe.
	wa	**oi.**	moi; toi; voici.

Singulier | **Pluriel**

le chat

les chats

l'enfant

les enfants

la pipe

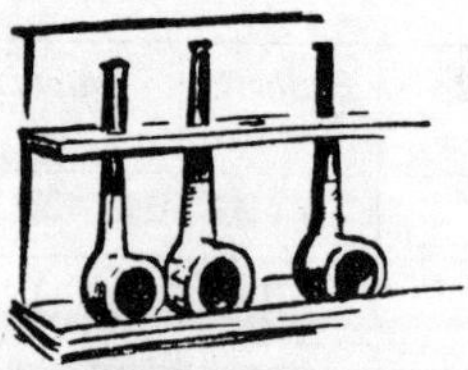

les pipes

l'assiette

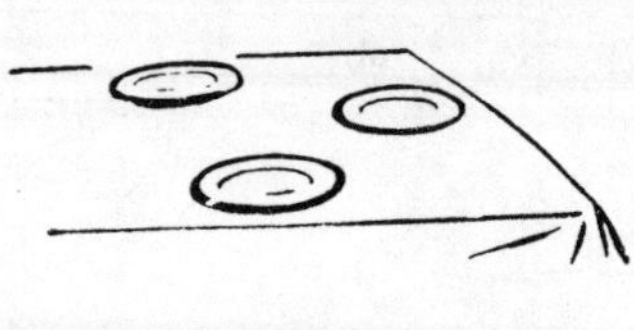

les assiettes

MA PREMIÈRE ANNÉE DE FRANÇAIS

CHAPITRE I

LA FAMILLE DUMESNIL

Voici les parents:

Madame Dumesnil, la mère de Pierre et de Janine. Bonjour, madame!

Madame Dumesnil prépare le déjeuner. *Elle* prépare le déjeuner.

Monsieur Dumesnil, le père de Pierre et de Janine. Bonjour, monsieur!

Voici la pipe de Monsieur Dumesnil.

Monsieur Dumesnil fume la pipe. *Il* fume la pipe.

Et voici les enfants:

Pierre, le fils de Monsieur et de Madame Dumesnil. Pierre joue avec les soldats. Il joue avec les soldats. Un,

deux, trois, quatre, cinq, six, sept, huit, neuf, dix soldats!

Janine, la fille de Monsieur et de Madame Dumesnil.

Janine aide Madame Dumesnil. Elle aide Madame Dumesnil.

Janine pose les assiettes sur la table. Elle pose quatre assiettes sur la table.

Et voici Minou, le chat de la famille Dumesnil.

Minou regarde Madame Dumesnil qui prépare le déjeuner. Il regarde Madame Dumesnil.

VOCABULAIRE

1 un (f. une)	**6 six**
2 deux	**7 sept**
3 trois	**8 huit**
4 quatre	**9 neuf**
5 cinq	**10 dix**

avec, *with.*
de, *of.*
sur, *on.*
le déjeuner, *lunch.*
qui, *who.*

VERBS

il (elle) aide, *he (she) helps.*
il (elle) fume, *he (she) smokes.*
il (elle) joue, *he (she) plays.*
il (elle) pose, *he (she) puts.*
il (elle) regarde, *he (she) looks at.*

Learn the words in Grammar, Section B.

For names of boys and girls, see p. 162.

GRAMMAR

A. GENDER: In French, every noun is masculine or feminine. There are no neuter nouns.

B. THE DEFINITE ARTICLE (THE):

The way to say *the* in the masculine *singular* is: **le** (**l'** before vowel); *plural:* **les.**

Examples.—

Singular	*Plural*
le chat = the cat.	**les chats** = the cats.
l'enfant = the child.	**les enfants** = the children.
le fils = the son.	**les fils** = the sons.
le monsieur = the gentleman.	**les *messieurs*** = the gentlemen.
le père = the father.	**les pères** = the fathers.
le soldat = the soldier.	**les soldats** = the soldiers.

The word for *the* in the feminine *singular* is: **la** (**l'** before vowel); *plural:* **les.**

Examples.—

Singular	*Plural*
l'assiette = the plate.	**les assiettes** = the plates.
la famille = the family.	**les familles** = the families.
la fille = the daughter.	**les filles** = the daughters.
la pipe = the pipe.	**les pipes** = the pipes.
la mère = the mother.	**les mères** = the mothers.
la table = the table.	**les tables** = the tables.

CONVERSATION

Qui prépare le déjeuner? Madame Dumesnil, la mère, prépare le déjeuner.

Qui fume la pipe? Monsieur Dumesnil, le père, fume la pipe.

Qui joue? Pierre, le fils de Monsieur et de Madame Dumesnil, joue.

Qui pose les assiettes sur la table? Janine, la fille de Monsieur et de Madame Dumesnil, pose les assiettes sur la table.

Qui regarde Madame Dumesnil? Minou, le chat, regarde Madame Dumesnil.

EXERCISES

A. Write, from memory, five girls' names and five boys' names that you know in French.

B. Answer in French:

1. Qui regarde Madame Dumesnil?
2. Qui pose les assiettes sur la table?
3. Qui fume la pipe?
4. Qui joue?
5. Qui prépare le déjeuner?

C. (Example.—Comptez cinq assiettes! *Je compte une*, *deux*, *trois*, *quatre*, *cinq assiettes*.) (**Je compte** = I count.)

1. Comptez trois soldats.
2. Comptez cinq chats.
3. Comptez huit enfants.
4. Comptez sept tables.
5. Comptez deux pipes.

D. Write a subject pronoun instead of a noun:

(Example.—Pierre joue avec les soldats. *Il* joue avec les soldats.)

1. Geneviève regarde les assiettes.
2. Le chat regarde le déjeuner.

3. Monsieur Dumesnil fume.
4. Jeanne aide sa mère.
5. La mère prépare le déjeuner.

E. Write in the plural:

(Example.—La table, *les tables.*)

1. L'enfant.
2. Le parent.
3. L'assiette.
4. La pipe.
5. Le fils.
6. La fille.
7. Le monsieur.
8. La table.
9. Le père.
10. La mère.

F. Write in French:

3, 7, 10, 8, 9.

G. Write the names of:

1. Five French towns.
2. Two French rivers.
3. Two famous Frenchmen and two famous Frenchwomen.

H. Draw and colour the French flag.

un facteur

un chien

une lettre

un paquet

un sac

une maison

CHAPITRE II

LE FACTEUR VISITE LA FAMILLE LEBRUN

Voici le facteur. Il marche dans la rue. Il porte un sac.

Voici Médor, le chien de la famille Lebrun. Il regarde le facteur qui arrive.

Le facteur caresse le chien.

Le facteur arrive à la maison de la famille Lebrun. Il frappe à la porte.

Raoul, le fils de Monsieur et de Madame Lebrun, dit: "Voilà le facteur qui frappe à la porte. Tu ouvres la porte, maman?"

"Oui, mon fils," dit Madame Lebrun, "j'ouvre la porte."

Madame Lebrun ouvre la porte. Elle dit: "Bonjour, monsieur!"

"Bonjour, madame," dit le facteur.

Il donne les lettres et un petit paquet à Madame Lebrun.

"Merci, monsieur. Au revoir, monsieur," dit Madame Lebrun.

Madame Lebrun entre dans la salle à manger. "Voici un paquet, Raoul," dit-elle. Elle donne le paquet à Raoul.

"Oh, merci, maman," dit Raoul.

Monsieur Lebrun ouvre la porte et entre dans la salle à manger. Il dit bonjour à Madame Lebrun et à Raoul. Madame Lebrun donne les lettres à Monsieur Lebrun. Il ouvre les lettres.

Raoul ouvre le paquet. Il trouve dans le paquet des bonbons et une lettre de tante Marie.

Voici Raoul, l'ami de Pierre et de Janine Dumesnil.

Voici Médor, l'ennemi de Minou, le chat!

GRAMMAR

A. THE INDEFINITE ARTICLE (A, AN):

	Singular	*Plural*
M.:	**un**	**des**
F.:	**une**	**des**

Examples.—

un chien = a dog. **des chiens** = (some) dogs.
une lettre = a letter. **des lettres** = (some) letters.

B. THE **-er** VERBS.

1. The Infinitive.

To arrive, *to knock*, *to look at*, are verbs in the infinitive; in French the infinitive is recognised by the verb ending. In Chapter II you met ten verbs which, in the infinitive, have **-er**. These verbs are:

arriver = to arrive.
caresser = to stroke.
donner = to give.
entrer = to enter.
frapper = to knock.
marcher = to walk.
porter = to carry.
regarder = to look at.
trouver = to find.
visiter = to visit.

These verbs are called regular because they follow a certain pattern. If you learn to conjugate one of them then you can conjugate any regular **-er** verb, of which there are a great many.

2. The Present Tense, singular, of **-er** verbs.

Examples.—

donner = to give.

1st person: **je donne** = I give, I am giving *or* I do give.
2nd ,, **tu donnes** = thou givest (you give).
3rd ,, **il, elle donne** = he, she gives.

arriver = to arrive.

1st person: **j'arrive** = I arrive, I am arriving *or* I do arrive.
2nd ,, **tu arrives** = thou arrivest (you arrive).
3rd ,, **il, elle arrive** = he, she arrives.

You will see from the above that the endings for **-er** verbs in the singular of the Present Tense are: **-e, -es, -e.**

3. Note that in English you may say *I give*, *I am giving*, or *I do give*, but that, in French, all these are translated by **je donne.**

C. IRREGULAR VERBS ARE THOSE WHICH DO NOT FOLLOW A COMMON PATTERN (**dire** = *to say*, is an irregular verb).

Present Tense, singular, of **dire**:

Je dis = I say *or* I am saying.
tu dis = thou sayest (you say).
il, elle dit = he, she says.

D. EXAMPLES.—

La mère de Raoul = Raoul's mother.
La lettre de papa = Father's letter.
L'ennemi de Minou = Minou's enemy.

There is no apostrophe **s** in French. The preposition **de** must be used to denote possession.

EXERCISES

A. Answer in French:

1. Qui marche dans la rue?
2. Qui porte un sac?
3. Qui regarde le facteur?
4. Qui ouvre la porte de la maison?
5. Qui donne un paquet à Raoul?

B. Write in the plural:

1. La maison.
2. Le facteur.
3. L'ami de Pierre.
4. L'ennemi de Médor.
5. La rue.

C. Write in the plural:

1. Une maison.
2. Un ami.
3. Un fils.
4. Un monsieur.
5. Une lettre.

D. Draw the following:

1. Deux chiens.
2. Un petit chien.
3. Des bonbons.
4. Trois maisons.
5. Une rue.

E. Write the correct form of the verb in brackets:

1. J' (entrer).
2. Tu (frapper).
3. Elle (regarder).
4. Il (caresser).
5. Tu (visiter).
6. Je (dire).
7. Elle (dire).
8. Il (porter).
9. Tu (trouver).
10. Je (donner).

F. (Example.—Le chien, *un chien*; La rue, *une rue*.)

1. Le sac.
2. La mère.
3. L'ami.
4. Le facteur.
5. L'assiette.
6. Le chat.
7. La pipe.
8. Le fils.
9. Le soldat.
10. La fille.

G. 1. Name the seas which wash the coasts of France.

2. In France one often sees the letters **R.F.,** which stand for **République Française.** What is a republic? Can you name the French President?
3. Name three products for which France is famous.
4. Why is July 14th a national holiday in France?
5. Who wrote the *Three Musketeers*? Do you know the names of any other books by the same author?

1. le maître, le professeur.
2. un élève.
3. le tableau.
4. le tableau noir.
5. la table.
6. le pupitre.
7. la chaise.
8. la corbeille à papier.
9. le plancher.
10. le plafond.
11. le cartable.
12. la fenêtre.
13. la porte.
14. le mur.

le cahier, *exercise book*.
le canif, *penknife*.
la cloche, *bell*.
le crayon, *pencil*.
l'encre (f.), *ink*.
l'encrier (m.), *inkwell*.
la gomme, *rubber*.
le papier, *paper*.
la plume, *pen*.
la règle, *ruler*.

la maîtresse, *mistress*.
l'école (f.), *school*.
le lycée, *grammar school*.

CHAPITRE III

A L'ÉCOLE

Le maître: Bonjour, mes élèves!

Les élèves: Bonjour, monsieur!

Le maître: Jean, distribuez les cahiers, s'il vous plaît.

Jean: Oui, monsieur, je distribue les cahiers.

Il distribue les cahiers.

Le maître: Maurice, comptez les élèves.

Maurice: Je compte: un, deux, trois, quatre, cinq, six, sept, huit, neuf, dix, onze, douze, treize, quatorze, quinze, seize, dix-sept, dix-huit, dix-neuf, vingt élèves.

Le maître: Bien. Jacques, fermez la porte et ouvrez la fenêtre, s'il vous plaît.

Jacques: Je ferme la porte et j'ouvre la fenêtre, monsieur.

Le maître: Merci, Jacques. (*A la classe.*) Regardez le tableau noir et écoutez-moi.

Les élèves: Nous regardons le tableau noir et nous écoutons.

Le maître parle, les élèves écoutent.

Le maître: Ouvrez les livres et les cahiers et commencez l'exercice trois, à la page dix-huit.

Les élèves: Nous ouvrons les cahiers et nous commençons l'exercice.

Ils ouvrent les cahiers et ils commencent l'exercice.

Le maître: Travaillez-vous bien?

Les élèves: Oh oui, monsieur! Nous travaillons bien!

Ils travaillent. La cloche sonne.

Le maître: Fermez les livres et les cahiers.

Les élèves: Nous fermons les livres et les cahiers.

Ils ferment les livres et les cahiers.

Le maître: Au revoir, mes enfants.
Les élèves: Au revoir, monsieur.

Il quitte la salle de classe.

Ils quittent la salle de classe.

VOCABULAIRE

See picture "La salle de Classe", p. 12.

SOME MORE **-er** VERBS:

commencer, *to begin.*
compter, *to count.*
distribuer, *to give out.*
écouter, *to listen to.*
fermer, *to shut.*
parler, *to speak.*
quitter, *to leave (a place).*
sonner, *to ring.*
travailler, *to work.*

bien, *well (Good! Well done).*
s'il vous plaît, *please.*

11 onze **12 douze** **13 treize** **14 quatorze** **15 quinze** **16 seize** **17 dix-sept** **18 dix-huit** **19 dix-neuf** **20 vingt**

GRAMMAR

A. REGULAR VERBS IN **-er** (*continued*).

1. The plural endings are: **-ons, -ez, -ent.**

2. The Present Tense of **parler** = to speak:

Singular	*Plural*
je parle = I speak, I am speaking.	**nous parlons** = we speak.
tu parles = thou speakest (you speak).	**vous parlez** = you speak.
il parle = he speaks.	**ils parlent** = they speak (m.).
elle parle = she speaks.	**elles parlent** = they speak (f.).

3. Present Tense of **commencer** = to begin, start.

Singular	*Plural*
je commence = I begin, I am beginning.	**nous commençons** = we begin.
tu commences = thou beginnest (you begin).	**vous commencez** = you begin.
il commence = he begins.	**ils commencent** = they begin (m.).
elle commence = she begins.	**elles commencent** = they begin (f.).

Note the cedilla in the first person plural. A cedilla serves to soften the **c** and is so used in front of **a, o, u,** when necessary (cf. **le garçon**).

B. SUBJECT PRONOUNS, THIRD PERSON PLURAL.

Examples.—

Pierre et Jules travaillent. *Ils* travaillent.

Marie, Madeleine, Suzanne et Paul écoutent le professeur. *Ils* écoutent le professeur.

Marie et Janine jouent. *Elles* jouent.

RULE.—When the subject is of mixed gender (m. and f.) the subject pronoun is masculine.

EXERCISES

A. Write, from memory, the names of ten classroom objects. In each case put the definite article (**le, la,** or **l'**).

B. Answer in French:

1. Qui distribue les cahiers?
2. Qui ouvre la fenêtre?
3. Qui parle?
4. Qui écoute?
5. Qui dit: "Fermez les livres"?

C. (Example.—Fermez le pupitre! *Je ferme le pupitre.*)

1. Touchez le tableau noir.
2. Sonnez la cloche.
3. Regardez un élève.
4. Frappez à la porte.
5. Travaillez bien.

D. Write in full:

3, 13, 15, 9, 12, 18, 20, 7, 10, 5.

E. Write in the plural:

1. Je ferme.
2. Il regarde.
3. Tu parles.
4. Elle arrive.
5. Tu écoutes.

F. Write in the plural:

1. Le chat.
2. Un chien.
3. Un paquet.
4. Une école.
5. La table.
6. Un élève.
7. L'élève.
8. La fenêtre.
9. L'enfant.
10. Le père.

G. Write the correct form of the verb:

1. J' (écouter).
2. Vous (travailler).
3. Elle (frapper).
4. Nous (marcher).
5. Ils (arriver).
6. Tu (entrer).
7. Elles (parler).
8. Nous (commencer).
9. Ils (commencer).
10. Je (quitter).

H. Write in the plural:

1. Le monsieur arrive.
2. Le chat regarde un chien.
3. Il touche un livre.
4. Je regarde l'élève.
5. Tu fermes la fenêtre.

J. Write in full the Present Tense of the following verbs and give the English of each person:

1. Donner.
2. Porter.

K. Write from memory, or make up, three commands which a master might give his class. Write the answers the pupils would make.

L. Draw the following:

1. Un canif et une règle.
2. Un crayon et une plume.
3. Une cloche.
4. Un chien qui regarde une porte.
5. Deux élèves qui jouent.

FRÈRE JACQUES

(From Marcel Vigneras, *Chansons de France*, Harrap, London, and D. C. Heath, Boston, Mass.)

Où est Minou? Il est **sur** *la chaise.*

Où est Médor? Il est **sous** *la table.*

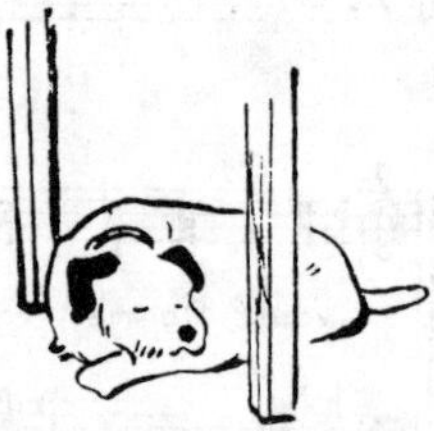

Dans *quoi sont les fleurs? Elles sont* **dans** *un vase.*

Où est le vase? Il est **sur** *la table.*

Où est Madame Lebrun? Elle est **devant** *la porte.*

CHAPITRE IV

JANINE PRÉPARE LE GOÛTER

C'est aujourd'hui jeudi. Raoul Lebrun visite ses amis Janine et Pierre Dumesnil.

Les trois enfants sont dans le salon de Madame Dumesnil, la mère de Pierre et de Janine.

Les deux garçons sont assis; ils jouent.

Janine caresse Minou, le chat. Elle dit: "Pierre et Raoul, regardez donc Minou! Il est furieux parce que Médor est ici."

"Ce bon Médor, il est tranquille sous la table. Il est sage. Minou est bête," dit Pierre.

"Mon pauvre Minou! Tu es un bon petit chat, mais tu es stupide!" dit Janine.

"Janine, est-ce que tu prépares le goûter?" demande Pierre.

"Oui, c'est une bonne idée," dit Janine.

Janine pose des assiettes, des tasses et des cuillères sur la table. Elle quitte le salon et elle va à la cuisine.

Madame Lebrun, la mère de Raoul, arrive devant la porte de la maison de Madame Dumesnil. Elle frappe à la porte.

Madame Dumesnil: Bonjour, ma chère, entrez donc.

Madame Lebrun: Bonjour, Madeleine. Est-ce que Raoul est ici?

Madame Dumesnil: Oui, il est ici. (*Elle crie.*) Janine! Pierre! Où êtes-vous, mes enfants?

Pierre: Raoul et moi nous sommes dans le salon, maman.

Janine: Je suis dans la cuisine, maman. Je prépare le goûter.

Madame Lebrun et Madame Dumesnil entrent dans le salon.

Pierre: Bonjour, madame.

Madame Lebrun: Bonjour, mon petit.

Janine entre dans le salon.

Janine: Bonjour, madame.

Madame Lebrun: Bonjour, ma petite.

Janine: Une tasse de thé, madame? Une tasse de thé, maman?

Madame Lebrun: Avec plaisir, Janine.

Madame Dumesnil: C'est une bonne idée, ma fille.

Janine donne une tasse de thé à Madame Lebrun et à Madame Dumesnil. A Raoul et à Pierre elle donne des gâteaux.

"Merci bien, Janine. Tu es aimable," disent les garçons.

Les enfants aiment les gâteaux. Médor aussi aime les gâteaux. Il regarde les enfants qui mangent.

"Voici pour toi, Médor," dit Janine et elle donne à Médor un morceau de gâteau. Il est très content.

VOCABULAIRE

assis, *seated.*
aujourd'hui, *to-day.*
bête, *silly.*
bon (f. **bonne**), *good.*
cher (f. **chère**), *dear.*
la cuillère, *spoon.*
la cuisine, *kitchen.*
le gâteau (pl. **les gâteaux**), *cake.*
le goûter, *light meal, usually at about tea-time.*
une idée, *idea.*
pauvre, *poor.*
sage, *good* (*well behaved*).
le salon, *drawing-room.*
la tasse, *cup.*
il va, *he goes* (irregular verb **aller,** *to go*).

MORE **-er** VERBS:
- **aimer,** *to like, love.*
- **crier,** *to shout.*
- **manger,** *to eat* (N.B.—**nous mangeons**).

GRAMMAR

A. TWO IRREGULAR VERBS:

1. **Dire** = to say.

Singular	*Plural*
je dis = I say	**nous disons**
tu dis	**vous dites**
il dit	**ils disent**
elle dit	**elles disent**

2. **Être** = to be.

je suis = I am	**nous sommes**
tu es	**vous êtes**
il est	**ils sont**
elle est	**elles sont**

B. THE INTERROGATIVE FORM (*i.e.* QUESTION FORM).

Donner = *to give*, in the interrogative:

Singular	*Plural*
Est-ce que je donne? = do I give? am I giving?	**donnons-nous?** = do we give?
donnes-tu? = givest thou? (do you give?)	**donnez-vous?** = do you give?
donne-t-il? = does he give?	**donnent-ils?** = do they give? (m.)
donne-t-elle? = does she give?	**donnent-elles?** = do they give? (f.)

Notice the **t** inserted in the third person singular. This is necessary when the verb ends with a vowel.

The form **Est-ce que . . . ?** is usual, in the 1st p. sing., except with certain short verb forms. For example, it is usual to say **Suis-je ?** = *am I?* and **Dis-je ?** = *do I say?*

The **Est-ce que . . . ?** form could be used throughout:

Est-ce que je donne ? Est-ce que tu donnes ? Est-ce qu'il donne ? etc. The use of this form in the interrogative is never wrong but it is rather long and cumbersome. Inversion of verb and subject pronoun is more usual.

C. Les jours de la semaine sont:

Dimanche, lundi, mardi, mercredi, jeudi, vendredi, samedi.

Days of the week are not given capital letters in French.

EXERCISES

A. Answer in French:

1. Où sont les trois enfants ?
2. Où est Minou ?
3. Où est Médor ?
4. Où Janine pose-t-elle les assiettes ?
5. Où prépare-t-elle le goûter ?

B. Answer in French:

1. Est-ce que Médor est sage ?
2. Qui joue ?
3. Qui est furieux ?
4. Est-ce que vous aimez les gâteaux ?
5. Où êtes-vous ?

C. Make drawings to illustrate the meaning of these prepositions:

1. Sur. 2. Dans. 3. Devant. 4. Sous. 5. Avec.

Write a simple and appropriate sentence in French under each picture. For example, you might illustrate: **Médor est devant la porte.**

D. Conjugate in full, giving the English of the first person:

1. Est-ce que je ferme la fenêtre ?
2. Je suis dans la salle de classe.
3. Je regarde le tableau noir.

E. Write the correct form of the verb:

(*a*) Regular verbs:

1. Nous (commencer) un exercice.
2. Tu (manger).
3. Nous (manger).
4. Elle (quitter) le salon.
5. Ils (fermer) les livres.
6. (Frapper)-vous à la porte?
7. Je (préparer) le déjeuner.
8. Nous (porter) des sacs.
9. Elles (arriver).
10. Vous (crier).

(*b*) Regular and irregular verbs:

1. Ils (dire) que le chat est bête.
2. Nous (jouer).
3. Vous (caresser) le chat.
4. Vous (dire) cela.
5. Ils (être) dans la cuisine.
6. Elle (être) sage.
7. Ils (marcher).
8. Il (entrer).
9. Nous (désirer) une tasse de thé.
10. Il (être) ici.

F. Make these statements into questions in two different ways: (Example.—**Ils sont dans le salon.** *Est-ce qu'ils sont dans le salon? Sont-ils dans le salon?*)

1. Il regarde le chien.
2. Nous arrivons.
3. Vous comptez les élèves.
4. Il parle.
5. Ils entrent.
6. Nous écoutons le professeur.
7. Vous aimez les gâteaux.
8. Il dit que Médor est sage.
9. Vous êtes dans la cuisine.
10. Elle va à la maison.

G. Make these statements into questions by using **Est-ce que . . .?**:

1. Minou et Médor sont dans le salon.
2. Les enfants crient.
3. Madame Dumesnil ouvre la porte.
4. Le professeur parle.
5. Les élèves écoutent attentivement.

H. Replace nouns in italics by pronouns:

(Example.—*La mère* entre. *Elle* entre.)

1. *Le facteur* arrive.
2. *Monsieur et Madame Dumesnil* sont ici.
3. *Madeleine et Georges* jouent.
4. *Henri et Raoul* visitent des amis.
5. *Le monsieur* fume.
6. *La cuillère* est sur la table.
7. *Marie et Jeanne* frappent à la porte.
8. *Le chien et le chat* sont sous la table.
9. *Pierre et sa sœur* entrent.
10. *Le livre* est grand.

J. Write in full:

10, 12, 20, 3, 16.

K. Can you name:

1. Two French ports?
2. One French airport?
3. One make of French car?
4. One French artist?
5. One French scientist?

CHAPITRE V

LE DERNIER JOUR DES VACANCES

Pierre et Janine Dumesnil travaillent aujourd'hui. Le frère et la sœur sont dans la salle à manger. Ils sont assis à la table. Ils ne parlent pas. Ils ne jouent pas. Ils travaillent.

Minou, le chat, est sous la table. Il ne travaille pas.

Il ne regarde pas les enfants. Il ferme les yeux, parce qu'il dort.

Chut! Silence! Dans la salle à manger tout est tranquille. Pourquoi? Parce que Pierre et Janine travaillent.

Sur la table il y a des livres et des cahiers. Les livres de Pierre sont grands et gros. Son manuel de français est brun. Son manuel d'anglais est bleu. Les cahiers de Pierre sont bleus.

Les cahiers de Janine sont jolis; elle a des cahiers de toutes les couleurs: des cahiers rouges, des cahiers roses, des cahiers bleus et des cahiers jaunes.

Pourquoi les enfants travaillent-ils aujourd'hui? Ils travaillent parce que c'est aujourd'hui mardi, le trente septembre. C'est le dernier jour des grandes vacances. Demain, mercredi, le premier octobre, les classes recommencent. Voilà pourquoi Pierre et Janine sont si sages et si tranquilles. Ils font des devoirs de vacances.

Pierre est grand; il va au lycée avec son ami Raoul Lebrun. Pierre est un bon élève, Raoul aussi. Janine n'est pas très grande. Elle est petite. Elle ne va pas au lycée, elle va à l'école. Janine est une bonne élève.

Conversation

Madame Dumesnil: Ah, vous voilà, mes enfants! Que faites-vous?

Pierre: Nous travaillons, maman. Moi, je fais un exercice d'anglais.

Janine: Moi, je fais un exercice de français. Regarde mes jolis cahiers, maman.

Madame Dumesnil: Oh oui, ils sont jolis. De quelle couleur est ton cahier de français?

Janine: Il est rouge. Regarde l'exercice que je fais, maman.

Madame Dumesnil: Très bien, Janine. Tu travailles bien. Tu es contente de retourner à l'école, n'est-ce pas?

Janine: Oh oui, maman, j'aime l'école et je désire revoir mes amies, Yvonne, Anne-Marie et Jacqueline.

Madame Dumesnil: Et toi, Pierre? Es-tu content de retourner au lycée?

Pierre: Moi? Oh non, maman. Je déteste retourner au lycée et je ne désire pas revoir mes camarades Raoul et

Jacques ! Le dernier jour des vacances est triste ! Je suis mélancolique. Je pleure !

Pierre fait semblant de pleurer. Madame Dumesnil et Janine rient.

VOCABULAIRE

le camarade, *friend.*
demain, *to-morrow.*
le frère, *brother.*
joli, *pretty.*
parce que, *because.*
pourquoi? *why?*
pleurer, *to weep, cry.*
la salle à manger, *dining-room.*
la sœur, *sister.*
les grandes vacances, *summer holidays.*

Les Mois

janvier
février
mars
avril
mai
juin
juillet
août
septembre
octobre
novembre
décembre

Les Couleurs

blanc (f. blanche), *white.*
bleu, *blue.*
brun, *brown.*
gris, *grey.*
jaune, *yellow.*
noir, *black.*
rose, *pink.*
rouge, *red.*
vert, *green.*

CONVERSATION

Quel jour est-ce ? C'est aujourd'hui mardi.
Quelle est la date ? C'est aujourd'hui le trente septembre.
De quelle couleur sont les cahiers de Pierre ? Ils sont bleus.
Comment est Janine ? Elle est petite.
Comment sont les livres de Pierre ? Ils sont grands et gros.

GRAMMAR

A. Agreement of Adjectives.

In French, the adjective agrees with the noun it describes in gender (m. or f.) and number (sing. or pl.).

Examples.—

	Singular	*Plural*
M. :	**Il est grand**	**Ils sont grands**
F. :	**Elle est grande**	**Elles sont grandes**

The plural of both nouns and adjectives is usually formed by adding **s** to the singular, as in the above examples. If the word already ends in **s,** no change is made **(le fils, les fils)**.

The feminine of adjectives is usually formed by adding **e,** as in the above examples. When the masculine form ends in **e,** no change is made in the feminine. (Example.—**jaune** = yellow.)

Certain adjectives or groups of adjectives require care. Learn the masculine and feminine forms of the following:

Masculine	*Feminine*	
dernier	**dernière**	last
premier	**première**	first
blanc	**blanche**	white
bon	**bonne**	good
quel	**quelle**	which, what

B. The feminine of **Monsieur Dumesnil** is **Madame Dumesnil.** The feminine of **le monsieur,** *the gentleman,* is **la dame,** *the lady.*

C. THE NEGATIVE. Use of **ne . . . pas.**
Examples.—
Minou ne travaille pas = Minou is not working.
Janine n'est pas grande = Janine is not big.
The verb **regarder** conjugated negatively:

je ne regarde pas = I do not look at.	**nous ne regardons pas**
tu ne regardes pas	**vous ne regardez pas**
il ne regarde pas	**ils ne regardent pas**
elle ne regarde pas	**elles ne regardent pas**

D. **Il y a** = there is, there are.

Il a is the third person singular of the verb **avoir** which you will be learning in the next chapter. **Il y a** is a very useful idiomatic expression which you should learn to use.
Examples.—

Y a-t-il des livres sur la table?	**Oui, il y a des livres sur la table.**
Are there any books on the table?	Yes, there are some books on the table.

EXERCISES

A. Answer in French:

1. Y a-t-il des livres sur la table de la salle à manger?
2. Y a-t-il un chat sous la table?
3. Qui travaille?
4. Qui ferme les yeux?
5. De quelle couleur est le manuel d'anglais de Pierre?
6. De quelle couleur est le cahier de français de Janine?
7. Comment est Pierre?
8. Comment est Janine?
9. Qui va au lycée?
10. Qui est l'ami de Pierre?

B.

1. Quelle est la date aujourd'hui?
2. Quel jour est-ce? (C'est . . .)
3. Nommez les jours de la semaine. (**nommer** = to name.)
4. Nommez les douze mois.
5. Est-ce que Janine et Pierre jouent aujourd'hui?

C. Conjugate in full, giving the English of the first person:

1. Je ne joue pas.
2. Est-ce que je travaille?
3. Je dis bonjour.

D. Write in the negative:

(Example.—Il est petit. *Il n'est pas petit.* Travaille-t-il? *Ne travaille-t-il pas?*)

1. Médor est sous la table.
2. Les enfants jouent.
3. Monsieur Dumesnil prépare le déjeuner.
4. Madame Dumesnil porte le grand sac.
5. Le facteur entre dans le salon.
6. Ferme-t-il la porte?
7. Arrivent-ils aujourd'hui?
8. Raoul est le frère de Pierre.
9. C'est aujourd'hui jeudi.
10. Nous commençons l'exercice.

E. Write these sentences as questions:

1. Le cahier est sur la table.
2. Madame Dumesnil travaille.
3. Il regarde les enfants.
4. Il ferme les yeux.
5. Il frappe à la porte.
6. Le chien mange le gâteau.
7. Elle va à la cuisine.
8. Nous sommes dans la salle de classe.

F. Write in the plural:

1. Le livre rouge.
2. Le cahier bleu.
3. Le monsieur parle.
4. Le petit enfant joue.

G. Write in the feminine:

1. Le grand fils.
2. Le bon frère.
3. Quel élève? (**élève** can be masculine or feminine.)
4. Il est blanc.
5. Ils sont noirs.
6. Monsieur Dumesnil est content.
7. Le frère est petit.
8. Le père est grand.
9. Le premier élève.
10. Il est le dernier.

H. Fill in the correct form of the verb:

1. Le facteur (frapper).
2. La cloche (sonner).
3. Vous ne (travailler) pas.
4. Ils (arriver).
5. (Être)-vous content?
6. Je (être) à l'école.
7. Janine et Anne-Marie (être) de bonnes amies.
8. Un élève (compter) les cahiers.
9. Nous (écouter) le professeur.
10. Nous (dire) au revoir.

J. Using **il y a,** make up ten simple sentences about things in the classroom.

(Example.—**Il y a un livre rouge et un cahier bleu sur la table.)**

SUR LE PONT D'AVIGNON[1]

Ronde qui remonte au XVIIIe siècle.

2. Les bel/les dam's font comm' ça
Et puis encor' comm' ça.

3. Les musiciens font comm' ça
Et puis encor' comm' ça.

4. Les soldats font comm' ça
Et puis encor' comm' ça.

(On peut ajouter d'autres noms de métiers que l'on imite par des gestes tout en chantant.)

(From Marcel Vigneras, *Chansons de France*, Harrap, London, and D. C. Heath, Boston, Mass.)

[1] This famous Avignon bridge on the Rhône River was built in the twelfth century; the strong current of the river destroyed most of it; only four of the original nineteen arches remain standing since the seventeenth century.

CHAPITRE VI

SAYNÈTE: AU SALON DE THÉ

Scène I: A la table.

Madame Dumesnil, Janine et sa petite amie, Anne-Marie, Pierre et son ami Raoul, entrent dans un salon de thé.

Janine: Voici une grande table, une table pour cinq personnes, maman.

Madame Dumesnil: Asseyons-nous, mes enfants.

Une serveuse s'approche.

Madame Dumesnil: Qu'est-ce que vous avez à boire, mademoiselle?

La serveuse: Nous avons du thé, du café, des sirops de fruits, de la limonade, du citron pressé . . .

Madame Dumesnil consulte les enfants.

Madame Dumesnil (à la serveuse): Un thé au lait; un citron pressé et trois limonades, s'il vous plaît, mademoiselle. (*Aux enfants*) Avez-vous des assiettes et des fourchettes, mes enfants?

Anne-Marie et Raoul: Oui, merci, madame.

Pierre et Janine: Oui, maman, merci.

Madame Dumesnil: Prenez vos assiettes et vos fourchettes et allez au comptoir où il y a des gâteaux. Ils ont des gâteaux délicieux ici. La crème est toujours fraîche et les tartes aux fruits sont délicieuses.

Scène II: Au comptoir.

Les quatre amis sont au comptoir où ils prennent des gâteaux. Madame Dumesnil est assise à la table. Elle regarde un petit enfant qui joue. C'est un bébé de deux ou trois ans.

Madame Dumesnil dit: "Bonjour, mon petit chou!" *L'enfant sourit mais il ne parle pas. La maman de l'enfant crie:* "Loulou, viens ici," *mais le bébé n'écoute pas. Il n'est pas très sage; il n'est pas obéissant.*

Anne-Marie: Moi, j'ai un éclair et une tarte. Qu'est-ce que tu as, Janine?

Janine: Une tarte et un baba au rhum. J'ai aussi une tarte pour maman. Elle adore les tartes.

Pierre: J'ai deux choux à la crème. Ce sont mes gâteaux préférés.

Raoul: J'ai un chou à la crème et une tarte.

La dame du comptoir: C'est tout?

Pierre: Oui, c'est tout, madame, merci.

La dame donne une note à Pierre.

Scène III: Les enfants retournent à la table où est Madame Dumesnil.

Soudain, Loulou, le bébé adorable, a l'idée d'embrasser les genoux de Pierre.

Pouf! Par terre. Loulou tombe; Pierre tombe; l'assiette et la fourchette tombent. Les choux à la crème tombent! Consternation générale!

Sous une table il y a un petit chien, très intelligent, qui regarde la scène amusante. Très vite, il sort de sous la table; très vite, il mange les choux à la crème! Délicieux! Il retourne sous la table. Il ferme les yeux. Il dort.

La maman de l'enfant: Loulou, viens ici! (*à Madame Dumesnil*) Pardon, madame.

Madame Dumesnil (*elle rit*): Oh, c'est un bébé!

Pierre: Janine! Anne-Marie! Raoul! Avez-vous mes choux à la crème?

Janine, Anne-Marie, Raoul: Non, Pierre, non.

Ils regardent sous les tables et sous les chaises. Pas de choux à la crème.

Raoul: C'est extraordinaire!

Pierre: Oui, c'est extraordinaire . . . et je déteste les bébés; ils ne sont pas intelligents!

VOCABULAIRE

un an, *year.*
boire, *to drink.*
le café, *coffee* (also *café*).
le chou à la crème, *cream bun.*
il dort (dormir), *he sleeps.*
écouter, *to listen to.*
frais (f. **fraîche**), *fresh.*
la fourchette, *fork.*
le genou, *knee.*
le lait, *milk.*
il sourit (sourire), *he smiles.*
tomber, *to fall.*
tout, *all.*

21 vingt et un
22 vingt-deux
29 vingt-neuf
30 trente
31 trente et un
35 trente-cinq
38 trente-huit
40 quarante
41 quarante et un
49 quarante-neuf
50 cinquante
60 soixante

Note the hyphens in compound numbers, except when we use **et.**

GRAMMAR

A. TWO MORE IRREGULAR VERBS:

1. **Avoir** = to have.

j'ai = I have, **tu as, il a,**
nous avons, vous avez, ils ont.

Negative: **je n'ai pas, tu n'as pas,** etc.
Interrogative: **ai-je? as-tu? a-t-il?** etc.

2. **Prendre** = to take.

je prends = I take, **tu prends, il prend,**
nous prenons, vous prenez, ils prennent.

Negative: **je ne prends pas,** etc.
Interrogative: **Est-ce que je prends? prends-tu? prend-il?** etc.

B. THE PREPOSITION **de** WITH THE DEFINITE ARTICLE **(le, l', la, les).**

You have already learned that **de** is used to denote possession in French (**les cahiers de Janine** = Janine's exercise books).

When **de** is used with the definite article, special care is needed in the masculine singular and in the plural as you will see from the following examples:

	Singular	*Plural*
M.:	**du garçon** = of the boy.	**des garçons** = of the boys.
	de l'enfant = of the child.	**des enfants** = of the children.
F.:	**de la fillette** = of the girl.	**des fillettes** = of the girls.
	de l'école = of the school.	**des écoles** = of the schools.

The words **du** and **des** are a combination of the word **de** with **le** and with **les.**

Perhaps you will have noticed that in Chapter VI, the words shown above (**du, de l', de la,** and **des**) were used to mean *some* or *any*.

(Example.—**Nous avons *du* thé, *du* café, *des* sirops de fruits, *de la* limonade.)**

C. THE PREPOSITION **à** WITH THE DEFINITE ARTICLE:

	Singular	*Plural*
M.:	**au garçon** = to the boy.	**aux garçons** = to the boys.
	à l'enfant = to the child.	**aux enfants** = to the children.
F.:	**à la fillette** = to the girl.	**aux fillettes** = to the girls.
	à l'école = to the school.	**aux écoles** = to the schools.

EXERCISES

A. Answer in French:

1. Qui entre dans un salon de thé?
2. Qui est l'amie de Janine?
3. Est-ce que les enfants ont des assiettes et des fourchettes?
4. Où sont les gâteaux?
5. Nommez deux gâteaux.
6. Comment est l'enfant qui joue?
7. Est-ce que le petit chien est stupide?
8. Est-ce que Pierre trouve les choux à la crème? (**trouver** = to find.)
9. Qui mange les choux à la crème?
10. Aimez-vous la limonade?

B. Fill in **du, de l', de la, des,** or **de:**

(*a*) 1. L'amie —— Janine.
2. La maman —— enfant.
3. La fourchette —— fillette.
4. Les genoux —— garçon.
5. L'assiette —— Pierre.
6. Les gâteaux —— enfants.
7. Les yeux —— chien.
8. Le cahier —— élève.
9. Les livres —— élèves.
10. La maison —— mère.

(*b*) Do the same thing with the following sentences, and say what they mean:
1. Je prends —— café.
2. Prenez-vous —— limonade?

3. Ils prennent —— gâteaux.
4. Il désire —— crème.
5. L'enfant prend —— lait.

C. Fill in **au, à l', à la,** or **aux**:
1. Je parle —— facteur.
2. Il frappe —— porte.
3. Allez —— comptoir.
4. Elle donne les tartes —— enfants.
5. Elle donne le lait —— bébé.
6. Allez —— école.
7. Il donne les lettres —— messieurs.
8. Janine est —— cuisine.
9. Son père est —— salon.
10. Madame Lebrun est —— maison.

D. Fill in the correct form of the verb **avoir**:
1. (Avoir)-vous un gâteau?
2. Oui, j' (avoir) une tarte, merci.
3. Pierre et Raoul (avoir) des livres.
4. Madame Dumesnil (avoir) deux enfants.
5. Janine et Anne-Marie (avoir) des assiettes.
6. Elle n' (avoir) pas la fourchette.
7. (Avoir)-je une chaise?
8. Tu (avoir) des camarades.
9. (Avoir)-il une sœur?
10. Qu'est-ce que vous (avoir) à boire?

E. Write these sentences in the negative:
1. Elle tombe.
2. L'enfant est sage.
3. C'est un bébé.
4. Il aime le petit chien.
5. A-t-elle les assiettes?
6. Ils sont obéissants.
7. Monsieur Lebrun mange les choux à la crème.

8. Aimez-vous le thé?
9. Je prends le café.
10. La maman de l'enfant sourit.

F. Write in the interrogative (*i.e.* as a question):

1. Il prend du café.
2. Vous avez un bon chien.
3. Elle rit.
4. Il caresse le chat.
5. J'ai les cahiers.
6. Nous arrivons.
7. Monsieur Dumesnil fume la pipe.
8. Raoul et son ami jouent.
9. L'enfant est sage.
10. Ils entrent.

G. Write in the plural:

1. Le grand chien noir.
2. La mère de l'enfant.
3. Il a un gâteau.
4. Un chat intelligent.
5. Il tombe.
6. Elle est grande.
7. Le monsieur fume.
8. Le fils est sage.
9. Le cahier bleu et rouge.
10. Tu frappes à la porte.

H. Write in the feminine:

1. Monsieur Lebrun est grand.
2. Le frère est assis.
3. Le bon élève travaille.
4. Ils sont jaunes.
5. Le père parle au fils.

J. Fill in the correct form of the verb:

(*a*) 1. Nous (commencer) l'exercice.
2. Il (tomber).
3. Elles (embrasser) la maman.
4. L'enfant (demander) une fourchette.
5. Ils (écouter) attentivement.
6. Monsieur et Madame Dumesnil ne (regarder) pas l'enfant.
7. Nous (entrer) dans le salon.
8. Est-ce que tu (manger) un gâteau?
9. Nous (manger) des choux à la crème.
10. C'est le facteur qui (frapper).

(*b*) 1. (Prendre)-vous du café?
2. Nous ne (être) pas au salon.
3. Il (dire) au revoir.
4. Les gâteaux (être) délicieux.
5. Nous (dire) cela à maman.
6. (Avoir)-vous une assiette?
7. Nous (prendre) les livres et les cahiers.
8. Vous (dire) que l'enfant est sage?
9. Je (dire) que c'est un bébé.
10. La serveuse (prendre) les tasses.

K. Write in full, in French:
19, 27, 34, 16, 45, 51, 21, 59, 23, 48.

CHAPITRE VII

EN ROUTE POUR LE LYCÉE

C'est aujourd'hui le premier octobre. Il fait beau et il fait du soleil. Pierre et Raoul sont en route pour le lycée. Les belles vacances sont finies, mais les deux camarades ne sont pas tristes, ils sont heureux. Janine aussi est heureuse de recommencer les classes. Elle ne va pas au lycée avec les garçons; elle va à l'école avec son amie, Anne-Marie.

Pour arriver au lycée, Pierre et Raoul passent par une longue rue où il y a des boutiques. Ils marchent vite parce que les classes commencent à huit heures. Les marchands sont déjà dans leurs boutiques.

Voici d'abord Monsieur Dupont, le boulanger. Dans sa boutique il y a de longs pains blancs, de gros pains bis, des petits pains et des croissants. Il y a aussi des petits pains au chocolat. Monsieur Dupont,

qui est toujours gai et généreux, sort de sa boutique et donne un petit pain au chocolat à Pierre et à Raoul. "Pour manger à la récréation," dit-il.

"Merci, monsieur, merci beaucoup," disent Pierre et Raoul.

Ils passent devant la belle petite boutique de Madame Marie qui est épicière et laitière. Madame Marie est petite et jolie. Elle parle beaucoup, elle est très vive et très active. Dans sa boutique tout est blanc et propre. Il y a des œufs frais, de la crème fraîche, du beurre et du lait qui viennent directement de Normandie, de la ferme du frère de Madame Marie.

Le voisin de Madame Marie est Monsieur Brunot, le boucher. C'est un petit homme gros. Ses joues sont roses et ses yeux noirs sont vifs. Monsieur Brunot est l'ami de tous les enfants parce qu'il rit beaucoup. Il est toujours heureux. Il est aussi l'ami de tous les chiens parce qu'il donne des os aux chiens. Il est gentil et généreux; il a bon cœur.

Quand Pierre et Raoul passent devant sa boutique, ils crient: "Bonjour, Monsieur Brunot." Le boucher dit: "Passez à cinq heures, mes enfants. J'ai quelque chose pour Médor!"

"Merci bien. Au revoir, monsieur," crient Pierre et Raoul.

"Au revoir, travaillez bien et écoutez attentivement le professeur," dit Monsieur Brunot.

VOCABULAIRE

le beurre, *butter.*
la boutique, *shop.*
le cœur, *heart.*
avoir bon cœur, *to be good hearted.*
le lait, *milk.*
en route, *on the way.*
la joue, *cheek.*
le pain blanc, *white bread.*
le pain bis, *brown bread.*
le petit pain, *roll.*
pour, *for.*
le soleil, *sun.*
triste, *sad.*
le voisin, *neighbour.*

LES MARCHANDS, *SHOPKEEPERS*

le boulanger, *baker.*
le boucher, *butcher.*
un épicier, *grocer.*
le laitier, *dairyman* (also *milkman*)

GRAMMAR

A. Learn the masculine and feminine forms of the following adjectives:

Masculine	*Feminine*
actif	**active** = active.
vif	**vive** = lively.
beau	**belle** = fine, beautiful.
frais	**fraîche** = fresh.
gentil	**gentille** = kind, nice.
heureux	**heureuse** = happy.
généreux	**généreuse** = generous.
long	**longue** = long.

Revise rules about agreement of adjectives, pp. 27, 28.

B. The Present Tense of **Faire** = to do *or* to make:
je fais = I do, I make, **tu fais, il fait,**
nous faisons, vous faites, ils font.

C. **Faire** is used in French when speaking of the weather:

Il fait beau.	It is fine.
Il fait du soleil.	It is sunny.

D.

Que (Qu') . . . ?	What . . . ?
Que faites-vous?	What are you doing?
Que dit-il?	What does he say?
Qu'y a-t-il sur la table?	What is there on the table?
Qu'est-ce que c'est?	What is it?

EXERCISES

A. Answer in French:

1. Quelle est la date aujourd'hui?
2. Où sont Pierre et Raoul?
3. Quel temps fait-il?
4. Où Janine va-t-elle?
5. Est-ce que Pierre est triste?
6. Comment est la rue où il y a des boutiques?
7. Qui est Monsieur Dupont?
8. Que donne-t-il aux garçons?

9. Qu'y a-t-il dans la boutique de Monsieur Dupont?
10. Comment est Madame Marie?

B. 1. Qui est le voisin de Madame Marie?
2. Que dit-il aux enfants?
3. Pourquoi est-il l'ami des chiens?
4. Qu'y a-t-il dans la boutique de Madame Marie?
5. Aimez-vous le lait?

C. Write in the feminine:
1. Le petit frère.
2. Ils sont généreux.
3. Un père gentil.
4. Le père est content.
5. Le laitier est bon.
6. Ils sont délicieux et frais.
7. Un bon fils.
8. L'ami est gentil et gai.
9. Ils ne sont pas tristes ils sont heureux.
10. Il est beau.

D. Fill in the correct form of the verb:
(*a*) 1. Raoul et son ami (écouter).
2. Médor (manger)-t-il un os?
3. Nous (manger) du pain.
4. Qui (frapper) à la porte?
5. Vous ne (caresser) pas le chien.
6. Elles (arriver) et elles (entrer).
7. Le père et la mère (regarder) les enfants.
8. Le boulanger (aimer) les enfants.
9. Janine et Anne-Marie (poser) des assiettes sur la table.
10. Le bébé ne (tomber) pas.

(*b*) 1. Où (être)-vous?
2. Que (faire)-vous?
3. Ils (avoir) un beau chien.
4. Il (avoir) du pain délicieux.
5. Ils (faire) un exercice.
6. Quel temps (faire)-il? Il (faire) beau.
7. Nous (dire) cela.
8. (Avoir)-vous une plume?

9. Ils (prendre) des gâteaux.
10. Nous ne (être) pas tristes.

E. Fill in **du, de l', de la, des,** or **de**:

1. Le pain —— boulanger et le beurre —— laitière.
2. Le lait —— enfant.
3. Les os —— chiens.
4. Le chat —— famille Dumesnil.
5. Les assiettes —— mère.
6. La porte —— école.
7. L'ami —— Raoul et —— Pierre.
8. Le sac —— facteur.
9. Les pipes —— messieurs.
10. Le maître —— chien.
11. Je prends —— café et —— lait.
12. Prenez —— gâteaux, mes enfants.
13. Le boulanger donne —— pain aux enfants.
14. La laitière a —— bonne crème.
15. L'élève a —— encre dans son pupitre.

F. Fill in **au, à l', à la,** or **aux**:

1. Il parle —— deux camarades.
2. Elle donne du thé —— parents.
3. Elle dit bonjour —— enfant.
4. Demandez du pain —— boulanger.
5. Nous frappons —— porte.

G. (Example.—**2 et 2 font? Deux et deux font quatre.**)

1. 20 et 8 font?
2. 15 et 15 font?
3. 14 et 30 font?
4. 10 et 2 font?
5. 11 et 27 font?
6. 13 et 16 font?
7. 1 et 40 font?
8. 50 et 7 font?
9. 14 et 19 font?
10. 21 et 39 font?

H. Composition française. Write in French five sentences about Madame Marie. These questions may help you:

Qui est-elle? Où est-elle? Qu'y a-t-il dans sa boutique? A-t-elle un frère? Où est-il?

IL EST NÉ, LE DIVIN ENFANT[1]

Vieux Noël, encore aujourd'hui le plus populaire en France.

2. Ah! qu'il est beau, qu'il est charmant,
Que ses grâces[5] sont parfaites!
Ah! qu'il est beau, qu'il est charmant,
Qu'il est doux le divin Enfant!
Il est né, etc.

[1] pron.: di-vi-n En-fant. [2] *oboes.* [3] *bagpipes.* [4] *coming.* [5] *manners.*

3. Une étable est son logement,
Un peu de paille, sa couchette,[1]
Une étable est son logement,
Pour un Dieu, quel abaissement![2]
Il est né, etc.

4. O Jésus! O Roi tout puissant!
Tout petit enfant que vous êtes,
O Jésus! O Roi tout puissant!
Régnez sur nous entièrement!
Il est né, etc.

(From Marcel Vigneras, *Chansons de France*, Harrap, London, and D. C. Heath, Boston, Mass.)

[1] *bed.* [2] *humbleness.*

CHAPITRE VIII

DÉPÊCHEZ-VOUS!

Scène: La salle à manger de la famille Dumesnil. Le matin.

Pierre: Janine et moi, nous allons chez Raoul aujourd'hui, après l'école. C'est son anniversaire.

Monsieur Dumesnil: Tiens! C'est aujourd'hui l'anniversaire de Raoul? Quel âge a-t-il?

Janine: Il a quatorze ans.

Madame Dumesnil: Et qu'est-ce que vous allez donner à votre camarade?

Pierre: Un dictionnaire français-anglais. Raoul est fort en anglais et il désire aller un jour en Angleterre.

Madame Dumesnil: Un bon dictionnaire coûte cher. Combien d'argent avez-vous, mes enfants?

Pierre: Moi, j'ai dix francs.[1]

Janine: Et moi j'ai cinq francs. C'est mon argent de poche.

Pierre: Nous avons assez d'argent.

Janine: Oui, et ton idée est bonne, Pierre. Un dictionnaire est utile.

Madame Dumesnil: Quand est-ce que vous allez acheter votre cadeau?

[1] 13.75 francs (approximately) = £1 (1 Jan. 1960).

Pierre: Aujourd'hui, à midi. Nous sortons vite de l'école et nous allons à la librairie.

Madame Dumesnil: Et votre déjeuner?

Janine: Nous avons le temps, maman, d'acheter le dictionnaire et de déjeuner à la maison. Nous partons de l'école à midi et nous retournons en classe à deux heures.

Monsieur Dumesnil: Mais dépêchez-vous si vous avez l'intention d'aller à l'école ce matin, mes enfants.

Janine et Pierre (*ils se lèvent de la table*): Oui, papa. Nous partons. Au revoir, maman. Au revoir, papa. (*Ils sortent de la salle à manger.*)

Madame Dumesnil (*elle se lève*): Pas si vite, mes enfants! Janine, tu oublies ton cahier de français. Il est sur la table du salon.

Janine: Oh, merci, maman. Et ma tablette de chocolat, où est-elle?

Madame Dumesnil: Voici. Je mets le chocolat dans ta poche. Tu as ton mouchoir? Ton porte-monnaie?

Janine: Oui, maman. Je suis prête. Je pars. Au revoir.

(*Elle sort de la maison.*)

Pierre: Maman, où est mon cartable?

Madame Dumesnil: Il est dans ta chambre. Et ta plume et ton crayon sont à la cuisine! Dépêche-toi, Pierre, ta sœur est déjà en route pour l'école.

Pierre: Je suis prêt, maman. Je pars. Au revoir. (*Il sort.*)

Madame Dumesnil: Au revoir, mon petit.

VOCABULAIRE

anglais, *English.*
l'Angleterre (f), *England.*
l'argent (m.), *money.*
assez, *enough.*
chez, *to, at the home of.*
  chez Raoul, *at* (or *to*) *Raoul's house.*
  chez le boucher, *at the butcher's.*
combien de? *how much? how many?*
fort, *strong.*
  être fort en anglais, *to be good at English.*
français, *French.*
midi, *midday.*
oublier, *to forget.*
la poche, *pocket.*
utile, *useful.*

GRAMMAR

A. The Possessive Adjective:

Masculine	*Feminine*	*Plural* (m. and f.)
mon	**ma**	**mes** = my.
ton	**ta**	**tes** = thy (your).
son	**sa**	**ses** = his *or* her.
notre		**nos** = our.
votre		**vos** = your.
leur		**leurs** = their.

Notes.—

1. **ma, ta, sa** are not used in front of words beginning with a vowel or **h** mute. Instead, the masculine forms **mon, ton, son** must be used. (Example.—**mon école, ton amie.**)
2. **son père** = his *or* her father.
   sa mère = his *or* her mother.
   ses parents = his *or* her parents.

B. Two more Irregular Verbs:

1. **Aller** = to go.
   je vais = I go, **tu vas, il va,**
   nous allons, vous allez, ils vont.
2. **Sortir** = to go out.
   je sors = I go out, **tu sors, il sort,**
   nous sortons, vous sortez, ils sortent.

Conjugated like **sortir: dormir** = to sleep; **partir** = to set off.

C. Note the use of the Verb **avoir** to express age:

Quel âge avez-vous?	**J'ai douze ans.**
How old are you?	I am twelve.
Quel âge Raoul a-t-il?	**Il a quatorze ans.**
How old is Raoul?	He is fourteen.

EXERCISES

A. Answer in French:

1. Où vont Pierre et Janine après l'école?
2. Quel âge Raoul a-t-il?
3. Quel âge avez-vous?
4. Quel âge votre camarade a-t-il (elle)?
5. Où Raoul désire-t-il aller un jour?
6. Désirez-vous aller un jour en France?
7. Combien d'argent Pierre a-t-il?
8. Combien d'argent Janine a-t-elle?
9. Combien de mains avez-vous? (**la main** = hand.)
10. Où est-ce que les enfants achètent le dictionnaire?

B.

1. Où les enfants déjeunent-ils?
2. Déjeunez-vous à l'école ou à la maison?
3. Qu'est-ce que Janine oublie?
4. Où est le cartable de Pierre?
5. Avez-vous un mouchoir dans votre poche?

C. Conjugate in full, giving the English of the first person:

1. Je vais à ma classe.
2. Je fais mon travail.
3. Je sors avec mes parents.

D. Write in French:

1. My house.
2. My desk.
3. His father.
4. Her father.
5. His sister.
6. Her sister.
7. Your book.
8. Your books.
9. Our friend.
10. Our friends.
11. Their mother.
12. Her child.
13. Her school.
14. Your letter.
15. My exercise books

E. Write in the plural:
1. Le monsieur parle beaucoup.
2. L'enfant est petit.
3. Elle parle à l'enfant.
4. Le cahier du garçon est rouge.
5. Il va chez son ami aujourd'hui.
6. Mon livre n'est pas gros.
7. Votre ami arrive en Angleterre.
8. Sa sœur est jeune, mais elle est grande.
9. Quel livre as-tu?
10. Son chat est noir.

F. Fill in **du, de l', de la, des,** or **de**:
1. Désirez-vous —— thé?
2. Oui, s'il vous plaît, avec —— sucre.
3. A-t-il —— gâteaux?
4. Mangez —— crème, mes enfants.
5. Elle donne —— lait au chat.
6. Voici le cartable —— Pierre.
7. Les cahiers —— fillettes sont jolis.
8. La porte —— maison est ouverte.
9. Le professeur regarde les exercises —— élèves
10. Le cahier —— Janine est dans le salon.

G. Fill in the correct form of the verb:
(*a*) 1. (Acheter)-vous du pain?
2. Je n' (aimer) pas le pain blanc.
3. Nous (manger) des petits pains.
4. Il (parler) beaucoup.
5. Tu (regarder) ton livre.
6. Ils (acheter) la maison.
7. Elles (jouer) dans le jardin.
8. Pourquoi (fermer)-vous la fenêtre?
9. Est-ce qu'elle (acheter) le livre?
10. Le chat et le chien (regarder) le boucher.

(*b*) 1. Elle (être) prête, elle (partir).
2. Tu (faire) ton exercice.
3. (Avoir)-vous une plume?
4. Oui, j' (avoir) une plume.
5. Où (être)-vous?
6. Il (dire) au revoir.
7. Il (aller) à l'école.
8. Nous (aller) à la maison.
9. Que (faire)-vous?
10. Je ne (dormir) pas en classe.

H. Write in the interrogative (*i.e.* as a question):
1. C'est l'anniversaire de Raoul.
2. Il a quatorze ans.
3. Janine achète un cadeau.
4. Pierre a assez d'argent.
5. L'école commence à huit heures.
6. Médor ne dort pas.
7. Monsieur et Madame Dumesnil sortent.
8. Le facteur arrive.
9. Le livre est grand.
10. Janine et Pierre oublient leurs cahiers.

J. Write in the negative:
1. Elle sort de la maison.
2. Il oublie ses cahiers.
3. Nous allons au lycée aujourd'hui.
4. Madame Marie est la boulangère.
5. Minou est l'ami de Médor.

K. Composition: **A Table.**

Imagine a conversation at the breakfast table. Write about ten sentences.

CHAPITRE IX

L'ANNIVERSAIRE DE RAOUL

Ce matin Raoul Lebrun se réveille de bonne heure. Il se réveille à six heures. C'est aujourd'hui son anniversaire. Il a quatorze ans.

Dans la maison tout est tranquille. Monsieur et Madame Lebrun dorment. Médor dort. Mais Raoul ne dort pas. Il désire se lever.

"Quelle heure est-il?" murmure-t-il. Il regarde sa montre. Six heures dix.

Raoul est impatient de savoir s'il va recevoir une belle bicyclette neuve pour son anniversaire!

Il regarde encore sa montre. Six heures et quart. Les minutes passent lentement!

Enfin, à six heures et demie Raoul se lève. Il fait sa toilette, il s'habille vite et il descend. Il entre dans la

cuisine parce qu'il a l'intention de préparer le café au lait pour le petit déjeuner de la famille.

Mais Raoul oublie vite le café au lait quand il voit une belle bicyclette neuve au milieu de la cuisine.

"Papa! Maman!" crie Raoul. Il monte à la chambre de ses parents et frappe à la porte.

"Papa, maman! Vous levez-vous? Quelle belle . . ."

"Chut, Raoul," dit Madame Lebrun, "ton père dort! Mais moi je me lève. Bon anniversaire, mon petit."

"Merci, maman, merci," crie Raoul. Il redescend dans la cuisine.

"Mon Dieu, qu'y a-t-il?" murmure Monsieur Lebrun. "Pourquoi nous levons-nous de si bonne heure? Y a-t-il un incendie?"

Madame Lebrun rit. "Mais mon ami," dit-elle, "il est presque sept heures. Et Raoul est enchanté de son cadeau. Lève-toi, chéri!"

"Ce n'est pas moi qui ai quatorze ans," murmure Monsieur Lebrun. Mais il se lève immédiatement.

Raoul passe une journée très agréable. Combien de cadeaux reçoit-il? Il reçoit cinq beaux cadeaux: une bicyclette, un canif, un porte-feuille, un dictionnaire et un roman policier. Il reçoit aussi de l'argent et il dit: "Je vais acheter un collier neuf pour Médor."

L'après-midi ses amis Janine et Pierre viennent goûter. Les Lebrun passent la soirée en famille et Raoul ne se couche pas de bonne heure. Il se couche à dix heures. Il rêve, naturellement, de sa belle bicyclette neuve.

VOCABULAIRE

la chambre à coucher, *bed-room.*
le collier, *dog collar* (also *necklace*).
de bonne heure, *early.*
un incendie, *fire.*
la montre, *watch.*
neuf (f. **neuve**), *new.*
recevoir, *to receive.*
se réveiller, *to wake up.*
rêver, *to dream.*
savoir, *to know.*
il voit (infin. **voir**), *he sees.*

EXPRESSIONS IDIOMATIQUES

Quelle heure est-il? = *What time is it?*
Qu'y a-t-il? = *What is the matter?*

GRAMMAR

A. Reflexive Verbs.

S'habiller = *to dress oneself*, is a reflexive verb both in English and French—it expresses an action done to oneself. A number of other verbs are reflexive in French, but not in English: one example is **se lever** = *to get up*.

The reflexive verbs used in Chapter IX are **-er** verbs. The endings are the same as for all regular **-er** verbs, but you must learn the reflexive pronouns.

Se coucher = to go to bed *or* to lie down

je me couche = I go to bed	**nous nous couchons**
tu te couches	**vous vous couchez**
il (elle) se couche	**ils (elles) se couchent**

Negative: **je ne me couche pas, tu ne te couches pas, il ne se couche pas,**
nous ne nous couchons pas, vous ne vous couchez pas, ils ne se couchent pas.

Interrogative: **Est-ce que je me couche? te couches-tu? se couche-t-il?**
nous couchons-nous? vous couchez-vous? se couchent-ils?

Se lever = to get up

je me lève = I get up	**nous nous levons**
tu te lèves	**vous vous levez**
il se lève	**ils se lèvent**

Negative: **je ne me lève pas**, etc.

Interrogative: **Est-ce que je me lève? te lèves-tu?** etc.

Note the use of the grave accent in the verb **se lever.** It is needed when the ending is a silent one (the same thing happens with **acheter** = *to buy*: **j'achète, nous achetons**). If you pronounce these verbs correctly, you will have no difficulty in remembering where the accent is needed.

B. **Quelle heure est-il?**

Il est une heure = It is one o'clock.

Il est deux heures (trois heures, quatre heures . . . onze heures) = It is two o'clock (and so on up to eleven o'clock).

Il est midi = It is twelve o'clock (midday).

6.10 = **Il est six heures dix.**
9.25 = **Il est neuf heures vingt-cinq.**

We use the word **et** only to express half-past and a quarter past the hour:

1.30 = **Il est une heure et demie.**
4.15 = **Il est quatre heures et quart.**

C. NOUNS AND ADJECTIVES WHICH END IN **-au**, ADD **x** IN THE PLURAL.

Examples.—

Singular	*Plural*
le cadeau = present.	**les cadeaux**
le chapeau = hat.	**les chapeaux**
le gâteau = cake.	**les gâteaux**
beau = beautiful.	**beaux**
nouveau = new.	**nouveaux**

EXERCISES

A. Answer in French:

1. A quelle heure Raoul se réveille-t-il?
2. A quelle heure regarde-t-il sa montre?
3. Que font Monsieur et Madame Lebrun à six heures?
4. A quelle heure Raoul se lève-t-il?
5. Que voit-il au milieu de la cuisine?
6. Qui donne la bicyclette à Raoul?
7. Est-ce que Monsieur Lebrun se lève de bonne heure?
8. Combien de cadeaux Raoul reçoit-il?
9. Qui donne un dictionnaire à Raoul?
10. A quelle heure Raoul se couche-t-il?

B. 1. A quelle heure vous levez-vous généralement?
2. A quelle heure vous couchez-vous?
3. Quelle heure est-il?
4. Quelle est la date de votre anniversaire?
5. Aimez-vous le café au lait?
6. Est-ce que vous préparez le petit déjeuner pour votre famille?
7. Combien de personnes y a-t-il dans votre famille?
8. De quoi Raoul rêve-t-il? **(quoi = what.)**

C. (*a*) Write in the negative:
1. Il se lève de bonne heure.
2. Elles se réveillent à six heures.
3. Raoul se couche de bonne heure.
4. Je m'habille vite.
5. Vous vous levez à neuf heures.

(*b*) Write in the interrogative:
1. Ils se réveillent à sept heures.
2. Elle s'habille vite.
3. Nous nous levons à huit heures.
4. Monsieur et Madame Lebrun se lèvent de bonne heure.
5. L'enfant se couche à six heures.

D. Fill in the correct form of the Present Tense of the following reflexive verbs:
1. Nous (se lever).
2. Il (s'habiller).
3. Est-ce que vous (se coucher)?
4. Ils ne (se coucher) pas.
5. Quand (se lever)—elles?
6. Je (s'habiller) vite.
7. Les enfants (se réveiller).
8. A quelle heure vous (se réveiller)?
9. Je (se lever) de bonne heure.
10. Vous (se lever).

E. Quelle heure est-il?

F. Write in the plural:

1. Où est son beau cadeau?
2. Est-ce que ton gâteau est bon?
3. Le chapeau du monsieur est noir.
4. Le fils parle au père.
5. La petite fille regarde son cahier bleu.
6. La dame achète un chapeau.
7. Je me lève et je regarde ma montre.
8. Il se couche et il dort bien.
9. L'enfant fait un exercice difficile.
10. Le boucher est gentil et généreux.

G. Write in French:

1. My pen.
2. Your desk.
3. His watch.
4. Her watch.
5. Our father.
6. Your sister.

7. Their house.
8. Her idea.
9. Their books.
10. Her school.

H. Fill in the correct form of the verb:

1. Je (prendre) un gâteau.
2. Vous (prendre) du sucre.
3. Ils (aller) chez leur ami.
4. Il (faire) beau.
5. Les enfants (être) à l'école.
6. (Avoir)-vous une plume?
7. Oui, j' (avoir) une plume.
8. Ils (sortir) de la maison.
9. Elle (dormir).
10. Qu'est-ce que vous (dire)?

J. Composition: **Ce que je fais le matin.**

Write a few sentences telling what you do in the morning—give times. Use the following verbs in the correct form of the Present Tense: se lever; s'habiller; déjeuner; sortir de la maison; aller au lycée; arriver dans la salle de classe.

LE FURET

(From *Chansons de Jeux*, Flammarion.)

CHAPITRE X

JANINE EST MALADE

Scène I: Le matin. Dans la chambre de Janine.

Madame Dumesnil: Bonjour, ma petite Janine. Lève-toi vite. Il est déjà sept heures moins cinq.

Janine (*voix faible*): Bonjour, maman. Maman, je ne veux pas me lever ce matin!

Madame Dumesnil: Comment! Pourquoi ne veux-tu pas te lever? Es-tu malade?

Janine: Oh, maman, je ne vais pas très bien. Mes yeux me font mal, maman . . . et mes dents . . . et j'ai mal à la tête.

Madame Dumesnil: Ma pauvre petite! Reste au lit. Là, ferme les yeux. (*Janine ferme les yeux.*) Oh là, là! Tu as des taches rouges au front. C'est sans doute la rougeole! Je vais téléphoner immédiatement au docteur Duval.

Scène II: La visite du docteur.

Madame Dumesnil: Bonjour, monsieur le docteur. Je suis si contente de vous voir! Je suis très inquiète. Mon mari et moi nous sommes toujours si inquiets quand nos enfants sont malades!

Le docteur Duval: Calmez-vous, madame! Où est la petite malade?

Madame Dumesnil: Par ici, monsieur le docteur. (*Ils montent l'escalier et entrent dans la chambre de Janine.*)

Le docteur: Bonjour, mademoiselle Janine.

Janine (*voix faible*): Bonjour, monsieur le docteur.

(*Le docteur examine attentivement la petite malade.*)

Le docteur (*à Madame Dumesnil*): Un peu de repos . . . une nourriture légère, du lait, des œufs, des fruits . . .

Madame Dumesnil: C'est la rougeole?

Le docteur: Mais, non, madame. Votre fille n'est pas malade. Elle a un peu de fièvre . . . un mauvais rhume peut-être . . .

Pierre (*qui est à la porte*): Comment! Ce n'est pas la rougeole!

Madame Dumesnil: Que fais-tu là, Pierre?

Le docteur: Et vos classes, jeune homme? Vous n'allez pas au lycée ce matin?

Pierre: Mais, non, monsieur. Vous comprenez, monsieur, je ne veux pas aller au lycée si ma sœur a la rougeole.

Le docteur (*qui rit*): Ah! Vous pensez à vos camarades? C'est très bien, mais votre sœur n'a pas la rougeole. Allez chercher vos livres et vos cahiers, mon enfant. Dépêchez-vous!

Pierre: Très bien. (*Il jette un coup d'œil furieux au docteur et quitte la chambre.*) Au revoir, maman; au revoir, Janine; au revoir, monsieur.

Le docteur: Ah! madame, les garçons sont toujours paresseux. C'est dans leur nature. Les fillettes ne sont pas paresseuses. Voilà Mademoiselle Janine qui sourit! C'est très bien. Elle va mieux. Au revoir, mademoiselle. Je vais donner à votre maman des médicaments pour vous.

Janine: Au revoir, monsieur le docteur, et merci.

(*Madame Dumesnil et le docteur quittent la chambre et descendent.*)

Le docteur: Vous n'êtes pas inquiète, maintenant, madame?

Madame Dumesnil: Non, monsieur le docteur. Merci bien. Au revoir, monsieur.

Le docteur: Au revoir, madame.

VOCABULAIRE

déjà, *already.*
la dent, *tooth.*
le front, *forehead.*
inquiet (f. **inquiète**), *worried, anxious.*
le lit, *bed.*
malade, *ill.*
le mari, *husband.*
la nourriture, *food.*
la rougeole, *measles.*
paresseux (f. **paresseuse**), *lazy.*
la voix, *voice.*

EXPRESSIONS IDIOMATIQUES

avoir mal à la tête = *to have a headache.*
avoir de la fièvre = *to have a temperature.*
avoir un rhume = *to have a cold.*

Note this idiomatic use of the verb **aller:**
Comment allez-vous? = *How are you?*
Je vais très bien = *I am very well.*
Je ne vais pas bien = *I am not well.*
Je vais mieux = *I am better.*

GRAMMAR

A. **Quelle heure est-il?** (*continued*)

12 o'clock (midnight)	= **Il est minuit.**
11.45 a.m.	= **Il est midi moins le quart.**
11.45 p.m.	= **Il est minuit moins le quart.**
2.45	= **Il est trois heures moins le quart.**
4.35	= **Il est cinq heures moins vingt-cinq.**
8.55	= **Il est neuf heures moins cinq.**

B. TWO MORE IRREGULAR VERBS:

1. **Vouloir** = to wish, want.
   je veux = I want, **tu veux, il veut,**
   nous voulons, vous voulez, ils veulent.
2. **Sourire** = to smile.
   je souris = I smile, **tu souris, il sourit,**
   nous sourions, vous souriez, ils sourient.

Rire = to laugh, is conjugated like **sourire.**

C. REVISE THE POSSESSIVE ADJECTIVE, Chapter VIII, p. 49.

EXERCISES

A. Answer in French:

1. Qui est malade?
2. Où est Janine?
3. Qu'est-ce qu'elle ne veut pas faire?
4. Qu'est-ce qu'elle a au front?
5. A qui Madame Dumesnil téléphone-t-elle?
6. Pourquoi Madame Dumesnil est-elle inquiète?
7. Est-ce que Janine a la rougeole?
8. Qui est à la porte de la chambre de Janine?

9. Pourquoi Janine sourit-elle?
10. Qu'est-ce que le docteur va donner à Madame Dumesnil?

B. 1. Comment allez-vous aujourd'hui?
2. Avez-vous mal à la tête?
3. Avez-vous mal aux dents?
4. Combien de pieds avez-vous?
5. A quelle heure vous levez-vous généralement?

C. Write in French:

1. My brother.	6. Their mother.
2. His ideas.	7. Their dogs.
3. Your doctor.	8. Our cat.
4. Her books.	9. Her child.
5. His bed.	10. Your desk.

D. Write these times in full:
(Example.—2.45 = **Il est trois heures moins le quart.**)

1. 10.45.	4. 1.50.	7. 5.25.	9. 2.5.
2. 6.15.	5. Midday.	8. 3.40.	10. 11.55 (a.m.).
3. 7.30.	6. Midnight.		

E. Conjugate, giving the English of the first person:
1. Je me lève de bonne heure.
2. Je ne veux pas me coucher.

F. Write in the feminine:
1. Le père est inquiet.
2. Le petit garçon est malade.
3. Il n'est pas paresseux.
4. Il est noir et blanc.
5. Ils sont frais, monsieur.
6. André est un bon élève.
7. C'est un beau petit garçon!
8. Monsieur Lebrun est heureux.
9. Nous sommes contents.
10. Vous êtes généreux, mes enfants.

G. (Example.—*Janine* travaille. *Elle* travaille.)

1. *Janine et son frère* parlent.
2. *Georges et Henri* sont à l'école.
3. *Madame Dumesnil et Madame Lebrun* sortent.
4. *Denise et son amie* aiment les chats.
5. *La porte* est fermée.
6. *Le livre* n'est pas sur la table.
7. *Les livres et les cahiers* sont dans le cartable.
8. *Le docteur et la dame* regardent la petite malade.
9. *Ses camarades* arrivent.
10. *Le chien* est content.

H. Write in French:

21, 31, 43, 60, 15, 17, 12, 29, 18, 11.

J. Verb Practice.

1. Je (commencer) l'exercice.
2. Nous (acheter) de la crème.
3. Moi, j' (acheter) du beurre.
4. (Prendre)-vous du café?
5. Ils (se lever) de bonne heure.
6. Qu'est-ce que vous (vouloir)?
7. Elle ne (vouloir) pas sortir.
8. L'enfant (sourire).
9. Pourquoi (sourire)-vous?
10. Ils (vouloir) des gâteaux.
11. Nous (manger) des bonbons.
12. L'enfant (avoir) du lait.
13. Que (faire)-vous aujourd'hui?
14. Pierre (aller) à l'école.
15. Je (aller) à la maison.
16. Les enfants (faire) leurs devoirs.
17. Les parents (sourire).
18. Le boucher (rire).
19. Tu (se lever), Pierre?
20. Ils (être) heureux.

CHAPITRE XI

RAOUL ÉCRIT UNE LETTRE

"Du café, mon ami?" demande Madame Lebrun à son mari.

"Oui, s'il te plaît," dit Monsieur Lebrun, "ton café est toujours si bon."

"Et moi, maman? Tu me donnes une tasse de café?" dit Raoul.

"Mais non, mon petit, tu ne prends pas de café le soir," dit Madame Lebrun.

"Donne-moi un tout petit peu de café, maman, s'il te plaît," dit Raoul, "avec beaucoup de sucre."

"Très peu, alors," dit Madame Lebrun et elle donne une tasse de café à Raoul.

"Ce soir, je vais écrire une lettre importante," annonce Raoul.

"Tu n'as pas de devoirs à faire?" demande son père.

"Ils sont déjà faits, papa. Mais je vais écrire une première lettre à mon correspondant anglais, Harry Brown."

"Ah, très bien," dit Monsieur Lebrun.

"Maman, où est le papier à écrire et où sont les enveloppes?" demande Raoul.

"Dans mon bureau," répond sa mère.

Raoul trouve du papier et une enveloppe et il s'assied à la table.

"As-tu de l'encre, Raoul?" demande son père.

Raoul rit. "Non, papa, je n'ai pas d'encre," dit-il. Il se lève et cherche de l'encre.

Enfin, Raoul commence sa lettre. Voici ce qu'il écrit:

Mon cher Harry,

Tu vas comprendre cette lettre sans difficulté, j'espère. Et tu vas me répondre en anglais, n'est-ce pas? Je dis *tu* parce qu'en France nous tutoyons nos camarades. Nous tutoyons aussi nos parents, mais nous disons *vous* aux professeurs et aux grandes personnes en général.

Quel âge as-tu? Moi, j'ai quatorze ans. Je n'ai pas de frère ni de sœur, mais j'ai de bons camarades.

J'aime beaucoup les sports, surtout le football, le cyclisme et la natation. Le jeudi après-midi, quand il fait beau, je joue au football. Quand il fait mauvais et qu'il pleut le jeudi après-midi, mon ami Pierre Dumesnil et moi nous faisons une heure de gymnastique.

Le matin nos classes sont de huit heures à midi; l'après-midi elles sont de deux heures à quatre heures. Nous avons beaucoup de devoirs à faire le soir. Notre professeur d'anglais dit que les élèves en Angleterre n'ont pas beaucoup de devoirs. Est-ce vrai? Si oui, je vais peut-être demander à papa de me mettre en pension en Angleterre!

Écris-moi bientôt, s'il te plaît. Parle-moi de ta famille et de ton lycée.

Meilleures amitiés de ton camarade français,

Raoul Lebrun.

VOCABULAIRE

le bureau, *writing desk* (also *office*).
chercher, *to look for, to go and get.*
comprendre, *to understand.*
espérer, *to hope.*
le matin, *morning.*
le papier, *paper.*
premier (f. première), *first.*
le soir, *evening.*
surtout, *especially.*
toujours, *always.*

Quel temps fait-il? *What is the weather like?*
Il fait beau. *It is fine.*
Il fait mauvais. *It is bad weather.*
Il pleut. *It is raining.*

GRAMMAR

A. THE PREPOSITION **de** WITH THE DEFINITE ARTICLE (**le, l', la, les**).

	Singular	*Plural*
M.:	**du, de l'**	**des**
F.:	**de la, de l'**	**des**

When you have revised the above forms, study the following examples:

(i) **Elle donne *du* café à son mari; elle ne donne pas *de* café à Raoul.**

She gives her husband some coffee; she does not give Raoul any coffee.

(ii) **Avez-vous *des* timbres? Non, je n'ai pas *de* timbres.**
Have you any stamps? No, I haven't any stamps.

After a negative, **de** replaces **du, de l', de la,** and **des.** **De** is also used instead of **un** and **une** after a negative. Examples:

(iii) **J'ai *un* frère.** — **Je n'ai pas *de* frère.**
I have a brother. — I haven't a brother.

(iv) **J'ai *une* sœur.** — **Je n'ai pas *de* sœur.**
I have a sister. — I haven't a sister.

In front of an adjective, **de** replaces **du, de l', de la,** and **des.**

(v) **Raoul a *des* camarades.** — **Il a *de* bons camarades.**
Raoul has friends. — He has good friends.

Certain expressions of quantity are followed by **de**:

combien de? ≐ how much, how many?
assez de = enough.
beaucoup de = lots of.
une tasse de = a cup of.

B. LEARN NUMBERS FROM SEVENTY ONWARDS. See pp. 157-8.

C. **Quelle est la date aujourd'hui? C'est aujourd'hui le dix-sept janvier.**

le premier février = February 1st.
le onze mars = March 11th.
le trente juin = June 30th.

le trente et un août = August 31st.

le quatorze septembre dix-neuf cent cinquante-trois / **le quatorze septembre mil neuf cent cinquante-trois** = 14th September 1953.

D. **Écrire** = to write.
j'écris = I am writing, **tu écris, il écrit, nous écrivons, vous écrivez, ils écrivent.**

EXERCISES

A. Answer in French:
1. Qu'est-ce que Madame Lebrun donne à son mari?
2. Est-ce qu'elle donne beaucoup de café à Raoul?
3. A qui Raoul écrit-il?
4. Où trouve-t-il le papier à écrire?
5. Raoul écrit-il en français ou en anglais?
6. Quel âge Raoul a-t-il?
7. Quel après-midi de la semaine fait-il des sports?
8. Quels sports aime-t-il?
9. Quand est-ce que Raoul fait ses devoirs?
10. Quand est-ce qu'il fait de la gymnastique?

B. 1. Quelle est la date aujourd'hui?
2. Quel jour sommes-nous?
3. Combien de frères et de sœurs avez-vous?
4. Prenez-vous du café le matin?
5. A quelle heure allez-vous à l'école?
6. Avez-vous un correspondant français?
7. Combien de mains avez-vous?
8. Combien de personnes y a-t-il dans votre famille?
9. Quel temps fait-il aujourd'hui?
10. Écrivez les jours de la semaine.

C. Write in the negative:
1. Prenez-vous du café?
2. Je veux du sucre.

3. L'enfant mange de la crème.
4. J'ai une sœur.
5. Il a quatre frères.
6. Monsieur Lebrun va à Marseille.
7. Elle se lève de bonne heure.
8. Écrivez-vous à votre correspondant français?
9. Les dames prennent du thé.
10. Nous avons un jardin.

D. Fill in **du, de l', de la, des,** or **de:**

1. Je veux —— café, mais je ne veux pas —— sucre.
2. Avez-vous —— œufs frais? Oui, madame, j'ai —— très beaux œufs.
3. Donnez-moi —— œufs, —— beurre, —— crème et —— biscuits, s'il vous plaît.
4. As-tu —— encre et —— timbres, mon enfant?
5. J'ai —— encre, mais je n'ai pas —— timbres, papa.
6. Il y a —— beaux arbres et —— belles fleurs dans le jardin; il y a aussi —— enfants qui jouent.
7. Allez prendre —— gâteaux, ils sont bons.
8. Médor a un bel os. Minou ne veut pas —— os, il préfère —— lait.
9. Le professeur donne beaucoup —— devoirs aux élèves.
10. Elle achète —— pain blanc et —— bonnes tartes.

E. Write in full:

(Example.—21.xi.50 = **Le vingt et un novembre dix-neuf cent cinquante.)**

1.	4.ii.1951.	6.	31.viii.1815.
2.	13.vi.1900.	7.	25.xii.1952.
3.	19.xi.1850.	8.	3.iii.1953.
4.	2.i.1470.	9.	30.ix.1525.
5.	15.ix.1779.	10.	21.v.1948.

F. Write in the plural:

1. J'écris à mon correspondant français.
2. Tu fais tes devoirs.

3. Il aime ses parents.
4. Ma petite sœur est jolie.
5. Notre nouvelle auto est superbe.
6. Ton professeur va être content.
7. Ton gâteau est-il bon?
8. Tu ne trouves pas ton chapeau, mon enfant?
9. Le bon monsieur donne un bonbon à l'enfant.
10. Je prends mon café.

G. Write in French:

1. Your hat.
2. My mother.
3. Our butcher.
4. Their dogs.
5. Your cat.
6. Our letters.
7. My friend.
8. Their idea.
9. His hat.
10. His sisters.

H. Quelle heure est-il?

1. 12.30 p.m.
2. Midnight.
3. 5.45.
4. 3.25.
5. 2.30.
6. 11.55 a.m.
7. 10.5.
8. 9.20.
9. 1 o'clock.
10. 6.15.

J. Verb Practice.

(*a*) 1. Le facteur (arriver).
2. Les enfants (parler).
3. Le professeur (donner) un exercice.
4. Médor (manger) un os.
5. Nous (manger) des bonbons.
6. A quelle heure (se lever)-il?
7. Nous (se coucher) de bonne heure.
8. (Aimer)-vous à écrire des lettres?
9. J' (acheter) des œufs.
10. Nous (acheter) des gâteaux.

(*b*) 1. A qui (écrire)-vous?
2. Il (écrire) à Harry.
3. Nous (sortir) maintenant.

4. A quelle heure (partir)-tu?
5. Mon père (dormir).
6. Pourquoi (sourire)-vous?
7. Je (sourire) parce que je (être) heureux.
8. Nous (vouloir) du beurre.
9. Les enfants (faire) leurs devoirs.
10. Ils (avoir) un chien qui (être) féroce.

K. Composition: Écrivez une petite lettre à un correspondant français. Parlez de votre famille et de vous-même (yourself). Posez deux ou trois questions à votre correspondant. (**Poser une question** = to ask a question.)

LE COUCOU

(From Marcel Vigneras, *Chansons de France*, Harrap, London, and D. C. Heath, Boston, Mass.)

CHAPITRE XII

AU VOLEUR!

"Raoul, est-ce que tu vas mettre cette lettre à la poste ce soir?" demande Monsieur Lebrun.

"Oui, papa. Je finis ma lettre, je prends mon vélo et je vais au bureau de poste," dit Raoul.

"Moi aussi j'ai une lettre pour la poste," dit Monsieur Lebrun.

"Très bien, papa," dit Raoul. Il finit sa lettre. Il met la lettre dans l'enveloppe, puis il sourit et dit:

"Papa, je n'ai pas de timbres."

"Heureusement que tu vas au bureau de poste, alors," dit Monsieur Lebrun. "Tu peux acheter un timbre, et n'oublie pas d'acheter un timbre à quatre-vingt-dix centimes pour la lettre pour l'Angleterre."

"Mais, papa," dit Raoul, "je n'ai pas d'argent."

"Et comment vas-tu acheter un timbre, alors?" demande froidement Monsieur Lebrun.

Raoul rougit mais il ne parle pas.

"Mais cet enfant a beaucoup à faire avec son argent . . ." murmure Madame Lebrun.

"Cet enfant a ce qu'on appelle *du toupet*," dit Monsieur Lebrun. "Mais parce que cette lettre est pour ton correspondant anglais, Raoul," ajoute-t-il, "je vais te donner l'argent pour le timbre."

"Merci beaucoup, papa," dit Raoul.

Raoul prend les deux lettres, il saisit son béret et il descend l'escalier.

"Fais attention! Il commence déjà à faire noir," crie Madame Lebrun.

"Oui, maman; au revoir," crie Raoul.

Raoul fait vite les deux kilomètres jusqu'au bureau de poste. Il laisse sa bicyclette au bord du trottoir et entre dans le bureau de poste. Il achète des timbres et il met les deux lettres dans la boîte aux lettres.

Il sort du bureau de poste avec l'intention de monter sur sa bicyclette et de retourner à la maison.

Mais où est sa bicyclette? Où est la belle bicyclette neuve? Quelle horreur! La bicyclette n'est pas là. Saisi de panique, Raoul crie: "Ma bicyclette!" Mais la rue semble déserte. Il fait noir, mais Raoul aperçoit un homme qui part, très vite, à bicyclette. Raoul crie: "Cet homme est un voleur. Au voleur! Saisissez le voleur!" Mais la rue est déserte; personne n'écoute les cris de Raoul.

Il va rentrer dans le bureau de poste quand il voit une autre bicyclette au bord du trottoir. C'est une vieille bicyclette, une bicyclette de dame . . . mais Raoul saisit cette bicyclette. Très vite, il part à la poursuite du voleur.

(*A suivre.*)

VOCABULAIRE

appeler, *to call.*
la boîte aux lettres, *letter box.*
le bureau de poste, *Post Office.*
  mettre une lettre à la poste, *to post a letter.*
comment, *how.*
froidement, *coldly.*
heureusement, *fortunately.*
le timbre, *stamp.*
le trottoir, *pavement.*
le vélo (vélocipède), *bicycle.*
vieux (f. vieille), *old.*
le voleur, *thief.*

EXPRESSIONS IDIOMATIQUES

Descendre l'escalier = *To go downstairs.*
Monter l'escalier = *To go upstairs.*
Il fait noir = *It is dark.*

GRAMMAR

A. THE DEMONSTRATIVE ADJECTIVE (this, that; these, those).

Examples.—

	Singular	*Plural*
M.:	**ce garçon** = this (that) boy.	**ces garçons**
	cet homme = this (that) man.	**ces hommes**
F.:	**cette maison** = this (that) house.	**ces maisons**

Notice that the demonstrative adjective in French has two forms in the masculine singular. **Cet** is used only in front of a masculine singular word beginning with a vowel or **h** mute. (Example.—**cet enfant, cet élève, cet homme, cet ami, cet arbre.**)

The *usual* masculine form is **ce. Ce garçon, ce pupitre,** etc.

B. REGULAR VERBS IN **-ir.** The **-ir** verbs form a fairly large group.

Finir = to finish.

je finis = I finish *or* I am finishing.	**nous finissons**
tu finis	**vous finissez**
il finit	**ils finissent**

The endings of **-ir** verbs are:

Singular:	**-is, -is, -it.**
Plural:	**-issons, -issez, -issent.**
Negative:	**Je ne finis pas,** etc.
Interrogative:	**Est-ce que je finis? finis-tu?** etc.

Some useful verbs in **-ir** are:

bondir = to jump, spring.
choisir = to choose.
grandir = to grow (tall).
guérir = to cure.
obéir = to obey.
punir = to punish.
réfléchir = to think, reflect.
réussir à = to succeed in.
rougir = to blush.
saisir = to seize.

C. **Que . . .?**
Qu'est-ce que . . .? } = What . . .?

Examples.—

Que faites-vous?
Qu'est-ce que vous faites? } = What are you doing?

Que fait le voleur?
Qu'est-ce que le voleur fait? } = What is the thief doing?

Que dit-il?
Qu'est-ce qu'il dit? } = What does he say?

EXERCISES

A. Answer in French:

1. Que fait Raoul quand il finit sa lettre?
2. Combien de lettres Monsieur Lebrun a-t-il pour la poste?
3. Combien coûte un timbre pour une lettre pour l'Angleterre? (**coûter** = to cost.)
4. Combien d'argent Raoul a-t-il?
5. Pour qui est la lettre de Raoul?
6. Pourquoi Madame Lebrun dit-elle à Raoul "Fais attention?"
7. A combien de kilomètres de la maison est le bureau de poste?
8. Où Raoul laisse-t-il sa bicyclette quand il entre dans le bureau de poste?
9. Où Raoul met-il les deux lettres?
10. Est-ce que Raoul trouve sa bicyclette quand il sort du bureau de poste?

B.

1. Raoul aperçoit un homme qui part à bicyclette. Qui est cet homme?
2. Qu'est-ce que Raoul crie?
3. Que voit-il au bord du trottoir?
4. Comment est cette autre bicyclette?
5. Que fait Raoul?

6. Avez-vous une bicyclette?
7. De quelle couleur sont les boîtes aux lettres en Angleterre? et en France?
8. Avez-vous un béret?
9. Combien de sœurs avez-vous?
10. Combien de frères avez-vous?

C. Conjugate, giving the English of the first person:

1. J'écris des lettres et je vais à la poste.
2. Je saisis mon béret et je pars.

D. Fill in the correct form of the verb:

1. Nous (finir).
2. Tu (saisir).
3. Vous (choisir).
4. Ils (grandir).
5. Je (réfléchir).
6. Tu (finir).
7. Elles (obéir).
8. Vous (saisir).
9. Nous (obéir).
10. Il (rougir).

E. **Put ce, cet,** or **cette** in front of the following words and then write the plural form:

(Example.—Garçon. Ce garçon, ces garçons.)

1. Monsieur.
2. Homme.
3. Fillette.
4. Enfant.
5. Dame.
6. Maison.
7. Chien.
8. Chat.
9. Élève.
10. Facteur.
11. Ami.
12. Table.
13. Pupitre.
14. Professeur.
15. Amie.
16. Livre.
17. Gâteau.
18. Idée.
19. Lettre.
20. Voleur.

F. Write in the plural:

1. Ce beau chapeau est neuf.
2. Cette vieille dame choisit sa place.
3. Cet enfant obéit à son père.
4. Ce tableau est beau.
5. Je choisis mon cadeau.

G. Quelle heure est-il?

H. Quelle est la date?

1. 31.i.1952.	6. 14.vii.1950.
2. 4.viii.1949.	7. 12.iii.1900.
3. 18.vi.1939.	8. 30.x.1490.
4. 2.ix.1793.	9. 15.ii.1648.
5. 31.xii.1870.	10. 21.v.1715.

J. Write in French:

(*a*)

1. My friend.	6. Our cat.
2. Your letter.	7. Your sisters.
3. Her friend.	8. Their parents.
4. His bicycle.	9. Our money.
5. Their stamps.	10. Her hats.

(*b*) 1. This table.
2. That child.
3. These cakes.
4. Those children.
5. This book.
6. That dog.
7. Those stamps.
8. That man.
9. These shops.
10. This exercise.

K. Verb Practice.

1. Nous (se lever) de bonne heure et nous (prendre) le petit déjeuner à sept heures.
2. Que (dire)-vous? Je (commencer) à comprendre.
3. Il (être) intelligent; il (travailler) bien.
4. Où (acheter)-vous votre beurre? J' (acheter) mon beurre chez Madame Marie.
5. Il (sortir) de la maison et il (partir) à bicyclette.
6. Ils (dormir) profondément et ils ne (se lever) pas de bonne heure.
7. L'enfant (rire).
8. Nous (écrire) des lettres.
9. Les élèves (prendre) des plumes et ils (écrire) un exercice.
10. Il (entrer) dans le bureau de poste et il (acheter) des timbres.
11. Où (aller)-t-il?
12. Les enfants (dire) bonjour.

L. Composition: **Au voleur!**

Describe simply the pictures on p. 80. Write two or three simple sentences to describe each picture. Here are some suggestions to help you:

1. Où est Monsieur Brunot?
Qui arrive?
Qu'est-ce qu'elle porte? (**le panier** = basket.)
2. Où sont le boucher et la dame?
Que font-ils? (**causer** = to chat.)
Qui entre? Que fait-il? (**regarder** = to look at.)

3. Dans quoi le boucher met-il la viande? (**il met** = he puts; **la viande** = meat; **le papier** = paper.)
   Où va-t-il poser le paquet?
   Que fait le chien? (**saisir** = to seize.)
4. Que fait le chien? (**sortir en courant** = to run out.)
   Que dit le boucher? Que dit la dame?

CHAPITRE XIII

RAOUL AU POSTE DE POLICE

Raoul va à droite, puis à gauche; il prend les petites rues étroites et noires parce qu'il se dit: "Les voleurs ne choisissent pas les grandes rues où il y a de la lumière; ils choisissent les petites rues."

Mais c'est en vain que Raoul cherche le voleur de sa bicyclette. Enfin, découragé et fatigué, il retourne vers le centre de la ville. Que va dire son père?

Soudain, Raoul sursaute. Il est en danger de tomber

de bicyclette parce que quelqu'un barre sa route. C'est un agent de police qui crie: "Un moment, jeune homme, s'il vous plaît. Arrêtez-vous!"

L'agent: Excusez-moi, mais j'ai ordre d'examiner tous les vélos. Nous cherchons une bicyclette volée et vous comprenez que . . .

Raoul: Une bicyclette volée? Comment savez-vous que . . .?

L'agent: Tiens, tiens! Mais qu'est-ce que c'est que ça? C'est une bicyclette de dame que vous avez?

Raoul (*rougit et regarde la bicyclette qu'il a*): Oui, c'est-à-dire . . .

L'agent (*sévèrement*): C'est votre bicyclette, oui ou non?

Raoul: Non. Ma bicyclette . . .

L'agent: Allez . . . marchez . . . au poste de police!

Raoul: Jamais de la vie!

L'agent: Obéissez donc! Allez-y! (*Il pousse Raoul par l'épaule.*)

Raoul (*furieux*): Laissez-moi tranquille, et soyez poli!

L'agent: Hein, c'est du beau. Vous prenez la bicyclette d'une pauvre dame qui entre pour cinq minutes dans le bureau de poste, et vous parlez d'être poli! Soyez raisonnable, jeune homme, et venez au poste avec moi.

Raoul: Mais vous ne comprenez pas. Je ne suis pas un voleur, moi!

L'agent: C'est ce que je ne sais pas. Nous allons voir. Au poste, allez-y!

Raoul pousse la bicyclette. L'agent de police pousse Raoul par l'épaule et ils vont vers le poste de police.

En route, Raoul réfléchit. Il commence à comprendre que sa situation est grave.

Arrivé au poste de police, Raoul est très raisonnable. Il obéit aux agents sans discuter et il répond poliment à leurs questions. Enfin il réussit à expliquer son histoire. Il découvre, à sa grande surprise, que les agents de police sont très gentils. Ils disent qu'ils vont faire tout leur possible pour retrouver sa bicyclette.

Un agent de police téléphone aux parents de Raoul et, dix minutes plus tard, Monsieur et Madame Lebrun et Médor arrivent en taxi.

Madame Lebrun est très contente de revoir son fils sain et sauf. "Ne t'inquiète pas, mon petit," dit-elle à Raoul.

"Est-ce que papa est furieux?" demande Raoul à sa mère.

"N'aie pas peur, Raoul," dit Madame Lebrun. "Ton père sait que ce n'est pas ta faute."

Après les émotions de la soirée, Raoul est très content

de rentrer à la maison et de se coucher. Mais il ne dort pas très bien. Deux ou trois fois il se réveille en sursaut, criant: "Au voleur! Saisissez le voleur!"

Le lendemain matin Raoul s'en va tristement au lycée à pied.

VOCABULAIRE

un agent de police, *policeman.*
s'arrêter, *to stop (oneself).*
une épaule, *shoulder.*
fatigué, *tired.*
le lendemain, *next day.*
la lumière, *light.*
poli, *polite.*
poliment, *politely.*
tard, *late.*
plus tard, *later.*
la ville, *town.*

EXPRESSIONS IDIOMATIQUES

Aller à pied = *To go on foot.*
Être sain et sauf = *To be safe and sound.*
Comment savez-vous . . .? = *How do you know . . .?*
C'est-à-dire (c.-à-d.) = *That is to say.*
A droite = *To the right.*
A gauche = *To the left.*

GRAMMAR

A. THE IMPERATIVE. The Imperative is used to tell, or ask, someone to do something. Here are some examples:

Lève-toi, Janine = Get up, Janine.
Sortons dans le jardin = Let's go out into the garden.
Entrez, madame = Come in, madam.

The form of the Imperative is practically the same as that of the Present Tense, in the regular verbs and in most irregular verbs too. (Note the absence of **s** in the 2nd p. sing. of the **-er** verbs.)

Imperative of **regarder** and **saisir**:

	regarder = to look at.	**saisir** = to seize.
2nd p. sing.:	**regarde** = look.	**saisis** = seize.
1st p. pl.:	**regardons** = let us look.	**saisissons** = let us seize.
2nd p. pl.:	**regardez** = look.	**saisissez** = seize.

Imperative of **s'arrêter** = to stop (oneself).

	Negative
arrête-toi! = stop!	**ne t'arrête pas**
arrêtons-nous! = let us stop.	**ne nous arrêtons pas**
arrêtez-vous! = stop!	**ne vous arrêtez pas**

B. **Avoir** and **être** have irregular Imperatives:

1. **avoir** = to have.
aie, ayons, ayez

2. **être** = to be.
sois, soyons, soyez

C. **Savoir** = to know *or* to know how to.

Present Tense:

je sais = I know, **tu sais, il sait,**
nous savons, vous savez, ils savent.

EXERCISES

A. Answer in French:

1. Pourquoi Raoul prend-il les petites rues?
2. Qui est-ce que Raoul cherche?
3. Est-ce qu'il réussit à trouver le voleur? (**réussir à** = to succeed in.)

4. Pourquoi est-il en danger de tomber de bicyclette?
5. Que dit l'agent de police?
6. Qu'est-ce que l'agent a ordre de faire?
7. Pourquoi l'agent dit-il à Raoul d'aller au poste de police?
8. Est-ce que Raoul obéit à l'agent?
9. Comment Raoul répond-il aux questions des agents?
10. Comment sont les agents?

B. 1. Qui arrive en taxi?
2. Qu'est-ce que Raoul est content de faire?
3. De quoi rêve-t-il?
4. Comment va-t-il au lycée le lendemain?
5. Monsieur Lebrun sait-il qui est le voleur de la bicyclette?

C. Write in the plural:

1. Regarde, mon enfant.
2. Arrête-toi!
3. Lève-toi!
4. Cherche le cahier de ta sœur.
5. Entre dans le salon.
6. Finis cet exercice.
7. Saisis ton béret.
8. Ferme cette porte.
9. Choisis un gâteau.
10. Couche-toi.

D. Write the Imperative of the following verbs, giving the English of each person:

1. **Porter** = to carry.
2. **Être** = to be.
3. **Choisir** = to choose.
4. **Faire** = to do.
5. **Écrire** = to write.

E. Fill in either **qui (qui est-ce qui), que,** or **qu'est-ce que:**

1. —— frappe à la porte?
2. —— monte l'escalier?
3. —— regardez-vous?
4. —— vous regardez?
5. —— parle à Raoul?
6. —— fait Raoul?
7. —— Monsieur Lebrun dit?
8. —— arrive en taxi?
9. —— voulez-vous?
10. —— vous voulez?

F. (Example.—Ouvrez votre pupitre! *J'ouvre mon pupitre.*)

1. Prenez votre plume.
2. Écrivez un exercice.
3. Regardez votre camarade.
4. Parlez au professeur.
5. Levez-vous.
6. Touchez une règle.
7. Fermez les yeux.
8. Couchez-vous.
9. Saisissez un cahier.
10. Téléphonez à votre mère.

G. Quelle est la date? Écrivez en français:

1. Monday, June 1st.
2. Wednesday, October 31st.
3. Friday, August 15th.
4. Saturday, January 1st.
5. Tuesday, November 30th.
6. Thursday, April 11th.
7. Sunday, July 14th.
8. Wednesday, February 21st.
9. Friday, March 1st.
10. Thursday, May 9th.

H. Quelle heure est-il?

1. 12 (midday)
2. 12.30 p.m.
3. 11.15.
4. 2.3.
5. 8.32.
6. 9.45.
7. 7.55.
8. 4.30.
9. 5.25.
10. 1 o'clock.

J. Write in the negative:

1. Il y a des enfants dans la salle de classe.
2. Je prends du sucre.
3. J'ai une sœur.
4. Il y a un tableau noir au salon.
5. Monsieur Lebrun est-il content?
6. Choisissez-vous cette place?
7. Il fait beau aujourd'hui.
8. A-t-il un chapeau?
9. Ce chien est bête.
10. Levez-vous!

K. Verb Practice.

1. Ils (saisir) des vélos.
2. Je (réfléchir).
3. Il (être) heureux.
4. Nous (vouloir) entrer.
5. Ils (monter) l'escalier.
6. Elle (faire) ses devoirs.
7. Tu (écrire).
8. Ils (arriver).
9. Je (s'arrêter).
10. L'enfant (dormir).

Savez-vous Planter les Choux?

2. On les plante avec le doigt
A la mode, à la mode,
On les plante avec le doigt,
A la mode de chez nous.

3. On les plante avec le pied,
A la mode, à la mode,
On les plante avec le pied,
A la mode de chez nous.

4. On les plante avec le nez,
A la mode, à la mode,
On les plante avec le nez,
A la mode de chez nous.

On plante ensuite avec n'importe quelle partie du corps.

CHAPITRE XIV

JANINE FAIT SA COMPOSITION

Janine et Pierre, qui font leurs devoirs, sont assis à la table du salon. Leur père lit son journal et leur mère fait son tricot. Pierre travaille bien. Janine tient une plume à la main mais elle n'écrit pas. Elle regarde la belle feuille de papier blanc qui est devant elle. Puis elle regarde le plafond! Elle soupire profondément. Soudain elle dit:

"Maman, quelle est ta saison préférée?"

Et voilà la scène transformée! Tout le monde veut discuter cette question. Monsieur Dumesnil laisse tomber son journal et Madame Dumesnil répond sans hésiter:

"De toutes les saisons, c'est le printemps que je préfère. En hiver il fait trop froid et en été il fait trop chaud. C'est le temps doux du printemps que je préfère. Immédiatement après le nouvel an je commence à attendre avec impatience les premiers perce-neige qui annoncent l'arrivée du printemps. Les fleurs du printemps semblent plus fraîches et plus gaies que toutes les autres fleurs.

La nature se renouvelle au printemps et il est tout naturel qu'on pense à renouveler aussi sa garde-robe. On abandonne son vieux manteau, ses vieux chapeaux et on achète un petit chapeau chic . . . des gants clairs . . . enfin, de nouveaux vêtements à la mode. On va à Paris pour cela, et le printemps est la saison idéale pour faire un petit voyage à Paris."

Tout le monde rit de cette description des plaisirs du printemps. Puis Monsieur Dumesnil dit:

"Oui, le printemps est une saison très belle, mais, moi, je préfère l'hiver. J'aime les longues soirées d'hiver, passées au coin d'un beau feu. Et les grandes fêtes de l'année, Noël et le nouvel an, sont en hiver. J'ai un vieil ami (il a 80 ans) qui dit que, même à son âge, il aime beaucoup l'hiver parce que c'est une saison joyeuse. Je trouve qu'il a raison, et l'hiver est ma saison préférée."

"Et toi, Pierre?" demande Janine.

"Oh, moi, je préfère l'été, et pour la seule raison que les grandes vacances sont en été," dit Pierre en riant. "Pour moi, l'été commence le quatorze juillet et se termine le premier octobre. Vive l'été! La saison des longs voyages et des vacances au bord de la mer. Superbe!"

"Et personne n'aime l'automne?" demande Janine.

"Mais oui," répond Pierre, "les poètes aiment beaucoup l'automne. C'est une saison mélancolique, mais qui est souvent très belle."

"Mais, Janine," dit Madame Dumesnil, "pourquoi commencer cette discussion au lieu de finir tes devoirs?"

Janine sourit. "C'est que j'ai une composition française à faire, maman," dit-elle. "Maintenant j'ai des idées!"

Enfin, Janine prend la belle et grande feuille de papier blanc. Elle écrit son nom, sa classe, la date et le sujet de sa composition: *Quelle est votre saison préférée? Pourquoi?*

VOCABULAIRE

un an, *year.*
le nouvel an, *New Year.*
attendre, *to wait for.*
la feuille de papier, *sheet of paper* (**la feuille,** *leaf*).
le gant, *glove.*
la garde-robe, *wardrobe.*
le journal (pl. **les journaux**), *newspaper.*
laisser tomber, *to drop.*
personne (used with **ne**), *nobody.*
tout le monde, *everyone.*
les vêtements, *clothes.*

EXPRESSIONS IDIOMATIQUES

Avoir raison = *To be right.*
Il a raison = *He is right.*
Vous avez raison = *You are right.*

Vive . . .! = *Long live . . .!*
Vive le roi = *Long live the king.*
Vive la reine = *Long live the queen.*

Les quatre saisons sont: le printemps, l'été, l'automne et l'hiver.

Au printemps = *In spring.*
En été = *In summer.*
En automne = *In autumn.*
En hiver = *In winter.*

GRAMMAR

A. Adjectives with two forms in the Masculine Singular.

You will remember that the demonstrative adjective has two forms in the masculine singular, namely:

ce (the usual form) and
cet (for use in front of a vowel).

Beau, nouveau, and **vieux** also need forms for use in front of a vowel in the masculine singular.

	Singular	*Plural*
M.:	**beau, nouveau, vieux** **bel, nouvel, vieil**	**beaux, nouveaux, vieux**
F.:	**belle, nouvelle, vieille**	**belles, nouvelles, vieilles**

B. RELATIVE **qui** AND **que (qu')**.

Qui, relative, is the SUBJECT of the verb. It may refer to people or things. **Qui** is never shortened. Examples:

(i) **Voici un élève qui travaille bien.**

(ii) **Médor, qui aime les os, va chez le boucher.**

Que (qu'), relative, is the DIRECT OBJECT of the verb. Examples:

(iii) **L'élève que le professeur regarde ne travaille pas bien.**

(iv) **Le chien que le facteur caresse, est le chien de Monsieur Lebrun.**

It is most important to master this use of **qui** and **que.** The relative pronoun must never be omitted in French.

EXERCISES

A. Answer in French:

1. Que font Janine et Pierre?
2. Où sont-ils?
3. Que fait leur père?
4. Qu'est-ce qu'il y a devant Janine?
5. Quelle est la saison préférée de Madame Dumesnil?
6. Quel temps fait-il en hiver?
7. Nommez une fleur du printemps.
8. Où va Madame Dumesnil pour acheter des vêtements à la mode?

9. En quelle saison est Noël?
10. Quel âge le vieil ami de Monsieur Dumesnil a-t-il?

B. 1. (**Le contraire** = opposite.) Écrivez le contraire de: petit, blanc, vieux, il monte l'escalier, il se lève.
2. Quelle est votre saison préférée?
3. En quelle saison sont les grandes vacances?
4. De quelle couleur sont les feuilles en automne? (**la feuille** = leaf.)
5. Combien de semaines de vacances avez-vous à Noël?

C. Fill in either **qui** or **que (qu')**:
1. Voici Madame Dumesnil —— entre.
2. Voilà le chat —— Janine aime.
3. La maison, —— est grande, a un beau jardin.
4. C'est Madame Lebrun —— ouvre la porte.
5. La composition, —— Janine fait, n'est pas difficile.
6. Pierre, —— est un grand garçon, va au lycée.
7. Le pain —— elle achète est très bon.
8. Les élèves regardent l'exercice —— le professeur écrit au tableau noir.
9. Ce n'est pas le facteur —— frappe.
10. C'est un bel os —— mange Médor.

D. (*a*) Write **beau, bel, belle, belles,** or **beaux** in front of the noun:

1. Un —— jour.	6. De —— enfants.
2. Un —— livre.	7. Une —— dame.
3. Une —— fleur.	8. Un —— chien.
4. Un —— enfant.	9. Un —— arbre.
5. De —— chapeaux.	10. De —— maisons.

(*b*) Write **vieux, vieil, vieille,** or **vieilles** in front of the noun:

1. Une —— dame.	6. Un —— homme.
2. De —— messieurs.	7. De —— hommes.
3. Un —— chat.	8. De —— tables.
4. Une —— maison.	9. Un —— soldat.
5. De —— arbres.	10. Un —— ami.

E. (*a*) Write the Imperative of the following verbs, giving the English:

1. Se lever. 2. Obéir. 3. Prendre.

(*b*) Write the Imperative negative of:

1. Marcher. 2. Etre.

F. Write in French:

1. Her wardrobe.
2. My gloves.
3. His hat.
4. Your clothes.
5. Their house.
6. Our children.
7. Our queen.
8. Their dogs.
9. My pen.
10. Your letter.

G. Fill in **du, de l', de la, des,** or **de**:

1. J'ai —— crayons et —— plumes.
2. Elles ont —— beaux cahiers.
3. Vous avez —— sucre? Non, je n'ai pas —— sucre.
4. Veut-il —— lait? Oui, il veut —— lait et —— sucre.
5. La mère ne donne pas —— café à l'enfant; elle donne —— eau à l'enfant. (**eau** = water.)
6. Elle achète —— crème fraîche et —— œufs chez Madame Marie.
7. Les enfants prennent —— limonade et ils choisissent —— bons gâteaux.
8. Il y a —— beaux arbres dans ce parc et il y a aussi —— belles fleurs.
9. Allez chez le boulanger et achetez —— pain et —— croissants, s'il vous plaît.
10. Mettez —— eau et beaucoup —— sucre dans cette tasse, s'il vous plaît.

H. Write the correct form of the Present Tense of the verb in brackets:

(*a*)
1. Ils (choisir).
2. Tu (acheter).
3. Vous (parler).
4. Elle (obéir).
5. Elles (frapper).
6. Ils (finir).
7. Nous (obéir).
8. Ils (saisir).
9. Je (travailler).
10. Il (regarder).

(*b*) 1. Nous (écrire).
2. (Écrire)-vous?
3. Il (savoir).
4. J' (avoir).
5. Vous (être).
6. Vous (savoir).
7. Elle (faire).
8. Vous (dire).
9. Il (aller).
10. Je (sortir).

J. Using **qui** as a joining word, make up short phrases about the subjects of the following sentences:

(Example.—Madame Dumesnil ———— va à Paris. Madame Dumesnil, *qui désire acheter de nouveaux vêtements*, va à Paris.)

1. Janine ———— travaille bien.
2. Monsieur Lebrun ———— va à son bureau.
3. Raoul ———— sort de la maison.
4. Pierre ———— appelle son ami.
5. Le boucher ———— est devant sa boutique.

K. Composition: **"En Hiver"**.

Write eight or ten sentences.
Quel temps fait-il en hiver?
Quelle est la date de Noël? et du nouvel an?
Qu'est-ce que le Père Noël donne aux enfants à Noël?
Aimez-vous l'hiver? Quelle est votre saison préférée?

CHAPITRE XV

EN ROUTE

Nous sommes au printemps. Saison idéale pour faire un petit voyage à Paris, n'est-ce pas?

Pour la troisième fois, Monsieur Dumesnil crie: "Chérie, le taxi t'attend!" Et pour la troisième fois, Madame Dumesnil répond: "Oui, mon ami, je viens."

Les enfants, Janine et Pierre, sont déjà dans le taxi. Les bagages aussi sont dans le taxi. Tout le monde attend Madame Dumesnil.

"Nous allons manquer le train," dit Janine.

"Mais non, il est neuf heures moins dix. Nous avons le temps," répond son frère. "Et puis voici maman qui vient," dit-il.

Enfin la famille Dumesnil est en route pour la gare. Dix minutes plus tard le taxi s'arrête devant la gare. Les Dumesnil descendent du taxi et ils retrouvent leurs amis les Lebrun qui sont déjà à la gare.

Un porteur, qui a un petit chariot, arrive pour prendre les bagages. D'abord il met les valises des deux dames sur son chariot. Les valises des dames sont plus grandes que les valises des messieurs et des enfants. Quand tous les bagages sont sur le chariot, le porteur s'en va au quai de départ.

"Quai numéro trois pour Paris," dit-il, "le départ est à neuf heures vingt-sept."

Monsieur Lebrun, les dames et les enfants suivent le porteur. Monsieur Dumesnil va au guichet où il prend sept billets aller et retour pour Paris. Puis il va au quai de départ.

"Nous avons des billets de première classe, papa?" demande Janine.

"Non, nous avons des billets de deuxième classe," répond son père.

"Quel luxe!" dit Raoul. "Moi, je voyage toujours en troisième."

"Moi aussi," dit Pierre, "et en hiver je choisis toujours un compartiment de fumeurs."

"Moi, je suis contente de voyager en deuxième," dit Madame Dumesnil.

"Moi aussi," dit Madame Lebrun, "les compartiments de deuxième classe sont plus confortables que les compartiments de troisième classe."

"Oh oui," dit Monsieur Lebrun, "les bancs sont moins durs en deuxième."

"Voilà le train qui arrive," annonce Monsieur Dumesnil.

Tout le monde est content de voir arriver le train. Le porteur trouve un compartiment vide. Monsieur Lebrun donne un pourboire au porteur et tout le monde monte dans le train. Nos amis attendent quelques minutes, puis toutes les portières se ferment. Le chef de gare donne un coup de sifflet et, tout doucement, le train sort de la gare.

Ils sont en route!

VOCABULAIRE

les bagages, *luggage.*
le billet, *ticket.*
dur, *hard.*
la gare, *station.*
le guichet, *ticket office.*
manquer, *to miss.*
le pourboire, *tip.*
le quai, *platform.*
le sifflet, *whistle.*
la valise, *suit-case.*
vide, *empty.*

être en route pour, *to be on the way to.*

GRAMMAR

A. Simple Comparison of Adjectives.

1. **plus . . . que** = more . . . than.

Examples.—

(i) **Pierre est plus grand que Janine.**
Pierre is bigger than Janine.

(ii) **Les bancs en deuxième classe sont plus confortables que les bancs en troisième classe.**
The second class seats are more comfortable than the third class seats.

2. **moins . . . que** = less . . . than.

Examples.—

(i) **Janine est moins grande que son frère.**
Janine is less tall than her brother.

(ii) **Les bancs en deuxième classe sont moins durs que les bancs en troisième classe.**
The second class seats are less hard than the third class seats.

B. Regular Verbs in **-re.** The third, and last, pattern of regular verbs which you will have to learn.

Example.—**Répondre** = to reply.

je réponds = I reply, I answer.	**nous répondons**
tu réponds	**vous répondez**
il répond	**ils répondent**

The endings of the regular verbs in **-re** are:

Singular: **-s, -s, -,**
Plural: **-ons, -ez, -ent.**

Some useful verbs in this group are:

attendre = to wait for. **entendre** = to hear.
descendre = to go down. **vendre** = to sell.

C. Ordinal Numbers.

premier (f. **première**) = first.
le second (**la seconde**) } = second.
deuxième }
troisième = third.
quatrième = fourth.
neuvième = ninth.
onzième = eleventh.
vingt et unième = twenty-first.
centième = hundredth.

D. **Venir** = to come. Present Tense:

je viens = I come, **tu viens, il vient,**
nous venons, vous venez, ils viennent.

Compounds: **revenir** = to come back.
devenir = to become.

Conjugated like **venir**: **tenir** = to hold.

EXERCISES

A. Answer in French:

1. En quelle saison sommes-nous?
2. En quelle saison les Dumesnil font-ils leur voyage à Paris?
3. Combien de fois Monsieur Dumesnil appelle-t-il sa femme?
4. Qui attend Madame Dumesnil?
5. Où les enfants attendent-ils leur mère?
6. Où les Dumesnil vont-ils en taxi?
7. Qui retrouvent-ils à la gare?
8. Qu'est-ce que le porteur a pour les bagages?
9. Les valises des messieurs sont-elles plus grandes ou moins grandes que les valises des dames?
10. A quelle heure le train part-il?

B. 1. En quelle classe nos amis voyagent-ils?
2. Où Monsieur Dumesnil achète-t-il les billets?
3. Combien de billets achète-t-il?
4. Pourquoi Madame Lebrun aime-t-elle les compartiments de deuxième classe?
5. Qu'est-ce qu'on donne au porteur?

C. (Example.—12: **douze, douzième.**)
20, 14, 9, 3, 35, 1, 51, 11, 44, 19.

D. Complete the following comparisons by using either **plus . . . que (qu')** or **moins . . . que (qu'),** and the adjective which is in brackets. [Example.—Un chat est —— un chien (grand). Un chat est moins grand qu'un chien.]
1. Janine est —— Pierre (petite).
2. Le temps au printemps est —— le temps en hiver (doux).
3. Médor est —— Minou (grand).
4. Minou est —— Médor (grand).
5. Raoul est —— son père (âgé).
6. Un livre est —— un cahier (gros).
7. Un banc est —— une chaise (confortable).
8. Janine est —— Raoul (âgée).
9. Les compartiments de première classe sont —— les compartiments de troisième classe (confortables).
10. Une école est —— une maison (grande).

E. Conjugate in full, giving the English of the first person:
1. Je réponds à ma mère. 2. J'attends mon père.

F. Complete the following sentences by filling in either **qui** or **que (qu')**:
1. C'est Raoul —— écrit l'exercice —— le professeur regarde.
2. Madame, —— est fatiguée, est assise.
3. La saison —— elle préfère est le printemps.
4. Leur tante, —— habite Paris, arrive aujourd'hui. (**habiter** = to live in.)

5. Les enfants —— nous entendons sont de petits Anglais —— font une visite en France.
6. C'est toi —— as le journal d'aujourd'hui, maman? Non, ce n'est pas moi —— ai le journal d'aujourd'hui. Le journal —— j'ai est déjà vieux.
7. C'est du lait frais —— donne Madame Dumesnil au chat —— entre dans la cuisine.
8. Le boulanger, —— donne des petits pains aux enfants, est généreux.
9. C'est Madame Dumesnil —— fait son tricot.
10. Les œufs —— ils préfèrent viennent de Normandie.

G. (*a*) Put **ce, cet, cette,** or **ces** in front of each of these nouns:

1. Journal.
2. Chaise.
3. Saison.
4. Hiver.
5. Animaux.
6. Arbre.
7. Élèves.
8. Père.
9. Tante.
10. Cahiers.

(*b*) Put **nouveau, nouvel, nouvelle, nouveaux,** or **nouvelles** in front of each of the nouns:

1. Le —— an.
2. Les —— élèves.
3. La —— maison.
4. La —— mode.
5. Ces —— livres.
6. Ces —— idées.
7. Un —— chapeau.
8. De —— médicaments.
9. Une —— plume.
10. Un —— timbre.

H. Verb Practice.

(*a*)
1. Nous (répondre).
2. Il (vendre).
3. Ils (choisir).
4. Elle (rougir).
5. Nous (manger).
6. Ils (acheter).
7. Vous (se lever).
8. Je (demander).
9. Elles (réfléchir).
10. Il (marcher).

(*b*)
1. (Savoir)-vous?
2. A qui (écrire)-vous?
3. Je (savoir).
4. Ils (venir).
5. Elle (tenir).
6. Je (venir).
7. Nous (prendre).
8. Vous (faire).
9. Que (dire)-il?
10. Tu (être) content.

J. Quelle heure est-il?

1.	12 p.m.	6.	11.30.
2.	12.20 a.m.	7.	8.10.
3.	3.15.	8.	6.35.
4.	6.55.	9.	5.40.
5.	4.45.	10.	10.15.

K. Composition: **Conversation à la gare.**

Make up a conversation between three people at a railway station. Write about ten sentences.

CHANSON D'AUTOMNE

Les sanglots longs
Des violons
    De l'automne
Blessent mon cœur
D'une langueur
    Monotone.

Tout suffocant
Et blême, quand
    Sonne l'heure,
Je me souviens
Des jours anciens,
    Et je pleure.

Et je m'en vais
Au vent mauvais
    Qui m'emporte
Deçà, delà
Pareille à la
    Feuille morte.

Paul Verlaine (1844-96)

CHAPITRE XVI

A PARIS

Il fait beau à Paris aujourd'hui. Le ciel est bleu et le soleil brille. Les Lebrun et les Dumesnil, assis à la terrasse d'un café, prennent le petit déjeuner au grand air.

Monsieur Lebrun sourit en regardant les passants.

"Tous ces messieurs, ces dames et ces jeunes filles se dépêchent pour arriver au bureau," dit-il. "Qu'il est agréable d'avoir quelques jours de congé!"

Monsieur Dumesnil dit: "Tiens! Ce matin je n'ai pas encore vu de journal parce que j'achète d'habitude mon journal quand je suis en route pour le bureau." Puis il dit aux enfants: "Allez au kiosque acheter des journaux, s'il vous plaît."

Les trois enfants vont au kiosque et ils achètent des journaux pour leurs parents. Janine achète aussi un illustré.

"Regardez donc," dit-elle, "il y a une photographie charmante du prince Charles et de la princesse Anne."

Tout le monde regarde la belle photo des enfants royaux anglais. "Il est beau d'avoir une reine, et un palais, comme le Palais de Buckingham," dit Janine.

"Si nous n'avons ni roi ni reine en France, ce ne sont pas les palais qui manquent, Janine!" dit son père. "Ce matin nous pouvons visiter le Louvre, ancienne résidence royale. Un jour nous pouvons aller jusqu'à Versailles. Le palais et le parc de Versailles sont superbes."

"Vous pouvez aussi vous promener dans le jardin des Tuileries ce matin, puisqu'il fait si beau," dit Madame Lebrun.

"Vous ne venez pas avec nous?" dit Monsieur Dumesnil aux deux dames.

"Non. Nous allons donner un petit coup d'œil aux magasins," répond Madame Dumesnil.

"Oui, c'est ça," dit Madame Lebrun, "je dois acheter un chapeau."

"Encore un chapeau!" dit son mari.

"Mais, chéri, tu sais que nous sommes invités au mariage de notre neveu, Jean, au mois de juin. Je n'ai pas de chapeau convenable."

"Et combien de temps ce petit coup d'œil va-t-il durer?" demande Monsieur Dumesnil.

"Une journée," murmure Madame Dumesnil.

"Ou deux," murmure Madame Lebrun.

"Qui est-ce qui désire accompagner ces dames aux magasins?" demande Monsieur Dumesnil.

"Pas moi," répondent immédiatement les trois enfants.

Monsieur Lebrun appelle un taxi.

"Rue de la Paix," dit Madame Lebrun au chauffeur. Les deux dames montent dans le taxi.

"Au revoir, amusez-vous bien," crient-elles aux autres.

Les messieurs et les enfants vont à un arrêt d'autobus où ils prennent des numéros d'ordre.

Le premier autobus qui arrive ne s'arrête pas.

"Complet," dit Monsieur Dumesnil. "Voulez-vous aller prendre le Métro?"

"Ça va . . . il y a un autre autobus qui vient," dit Monsieur Lebrun.

Le deuxième autobus s'arrête.

"Les numéros, messieurs, mesdames, s'il vous plaît," crie le receveur.

Les Lebrun et les Dumesnil sont les premiers à monter dans l'autobus.

* * * *

Nos amis restent quatre jours à Paris. Les enfants font beaucoup de promenades et de visites intéressantes avec Monsieur Dumesnil et Monsieur Lebrun.

"J'adore Paris," dit Janine à sa mère, "mais il y a tant à faire, maman, que quatre jours ne suffisent pas du tout."

"Tu as raison, ma petite," dit Madame Dumesnil, "c'est ce que je dis toujours à ton père."

VOCABULAIRE

le bureau, *office.*
le congé, *short holiday, leave.*
le coup d'œil, *glance.*
se dépêcher, *to hurry.*
la jeune fille, *young lady, girl.*
la journée, *day.*
le magasin, *shop.*
le Métro, *underground (railway).*
le palais, *palace.*
se promener, *to go for a walk.*
rester, *to remain, stay.*

Il fait beau.	*It is fine.*
Le soleil brille.	*The sun is shining.*
Au grand air.	*In the open air.*

GRAMMAR

A. Formation of Plural: Nouns and Adjectives.

Here is a summary of rules with which you should now be familiar:

Singular	*Plural*	*Examples*
-s, -x, -z	no change	**le fils, les fils; le nez, les nez**
-al	-aux	**le journal, les journaux**
		le cheval, les chevaux
-eau	-eaux	**le nouveau chapeau, les nouveaux chapeaux**

B. Some Irregular Plurals (Nouns) which you should learn:

Singular	*Plural*
le ciel = sky.	**les cieux**
[1]**le chou** = cabbage.	**les choux**
[1]**le genou** = knee.	**les genoux**
madame = madam.	**mesdames**
mademoiselle = miss.	**mesdemoiselles**
le monsieur = gentleman.	**les messieurs**
un œil = eye.	**les yeux**

[1] Most nouns in **-ou** simply add **s.** (Example.—**le trou** = hole, **les trous.**)

C. Some Irregular Feminines (Nouns):

Masculine	*Feminine*
le fils = son.	**la fille** = daughter.
l'homme = man.	**la femme** = woman.
le frère = brother.	**la sœur** = sister.
le grand-père = grandfather.	**la grand-mère** = grandmother.
le mari = husband.	**la femme** = wife.
le monsieur = gentleman.	**la dame** = lady.
le neveu = nephew.	**la nièce** = niece.
l'oncle = uncle.	**la tante** = aunt.
le père = father.	**la mère** = mother.
le prince = prince.	**la princesse** = princess.
le roi = king.	**la reine** = queen.

D. **Pouvoir** = to be able. Present Tense:

je peux = I can, I am able to, **tu peux, il peut, nous pouvons, vous pouvez, ils peuvent.**

N.B.—First person singular can be **je puis.** The interrogative is **puis-je?** = may I? **peux-tu,** etc.

EXERCISES

A. Answer in French:

1. Où les Lebrun et les Dumesnil prennent-ils le petit déjeuner?
2. Quel temps fait-il?
3. Où vont les passants qui se dépêchent?
4. Quand est-ce que Monsieur Dumesnil achète d'habitude son journal?
5. Où vont les enfants pour acheter des journaux?
6. De qui est la photo que Janine admire?
7. Y a-t-il un roi en France?
8. Qu'est-ce que Madame Lebrun désire acheter?
9. Est-ce que les enfants veulent aller aux magasins?
10. Où les dames vont-elles en taxi?

B. 1. Pourquoi le premier autobus ne s'arrête-t-il pas?
2. Pourquoi les Dumesnil et les Lebrun sont-ils les premiers à monter dans l'autobus?
3. Combien de jours restent-ils à Paris?
4. Désirez-vous aller à Paris?
5. Écrivez le féminin de: le grand roi.

C. Write in the plural:
1. C'est un beau chou vert que tu as.
2. Aujourd'hui le ciel est bleu.
3. L'œil du chien est fixé sur son maître.
4. Tu viens, mon ami?
5. Bonjour, madame; bonjour, monsieur.
6. Ce vieux monsieur a un fils qui est paresseux.
7. Le chien place son os dans un grand trou.
8. Il est gai et généreux.
9. Ce vieil homme porte un chapeau noir.
10. Le nouvel élève écrit bien.

D. Write in the feminine:
1. Vive le roi!
2. Monsieur est fatigué.
3. C'est un vieux monsieur.
4. Le mari est heureux.
5. Mon neveu est un bon élève.
6. Ton vieux grand-père accompagne le jeune prince.
7. Son oncle est très actif.
8. Ce petit garçon cherche son père.
9. Le frère de mon ami est plus âgé que moi.
10. Cet homme est pauvre, mais il est très généreux.

E. Revision of reflexive verbs. (*a*) Write in the plural:
1. Je me lève.
2. Elle s'arrête.
3. Te couches-tu?
4. Il s'habille vite.
5. Lève-toi!

(*b*) Write in the negative:

1. Nous nous levons de bonne heure.
2. Se couchent-ils maintenant?
3. Asseyez-vous!
4. Levons-nous!
5. Je m'habille vite.

(*c*) Write:

1. The Present Tense of s'arrêter.
2. The Imperative of se lever and s'habiller.

F. (*a*) 1. Dimanche est le premier jour de la semaine. Quel est le troisième jour de la semaine?

2. Quel est le cinquième jour de la semaine?
3. Quel est le premier mois de l'année?
4. Quel est le huitième mois de l'année?
5. Quelle est la quatrième saison de l'année?

(*b*) (Example.—11: **onze, onzième.**)

9, 13, 22, 31, 45, 60, 100, 7, 10, 19.

G. Make up simple sentences comparing the two nouns given: (Example.—Le mari, la femme. *Le mari est plus gai que la femme.*)

1. Le fils, la fille.
2. Monsieur Dumesnil, Monsieur Lebrun.
3. Médor, Minou.
4. Le monsieur, la dame.
5. Janine, son frère.
6. Le boucher, le boulanger.
7. L'hiver, l'été.
8. Le mois de juillet, le mois de février.
9. Raoul, Pierre.
10. L'oncle, le neveu.

H. Fill in either **qui** or **que (qu')**:

1. L'enfant —— nous regardons est amusant.
2. La mère, —— est pauvre, travaille.
3. L'enfant, —— rit, joue avec une balle —— il lance sous les tables.
4. Voilà la robe —— préfère ma sœur.
5. Ce n'est pas moi —— vais à Paris.
6. L'exercice —— vous faites n'est pas difficile.
7. Raoul a beaucoup de cadeaux —— il aime beaucoup.
8. Quels sont les livres —— sont sur cette table?

9. Ce sont des livres —— je donne à un ami —— est malade.
10. Le chapeau —— elle choisit est un chapeau noir —— elle admire beaucoup.
11. Voilà notre train —— arrive.
12. Le compartiment —— trouve le porteur est vide.

J. Verb Practice.

(*a*) Write in French:

1. He replies.
2. We reply.
3. They are selling.
4. She is choosing.
5. He is speaking.
6. We are knocking.
7. Open the door!
8. Get up!
9. Shut the book!
10. They are finishing.

(*b*) Fill in the correct form of the verb, Present Tense:

1. Nous (être).
2. (Pouvoir)-je?
3. Nous (pouvoir).
4. Ils (pouvoir).
5. Elles (savoir).
6. Nous (sourire).
7. Nous (prendre).
8. Je (faire).
9. Ils (dire).
10. (Écrire)-vous?

CHAPITRE XVII

MÉDOR EN DISGRACE

Un après-midi, vers les cinq heures, Raoul et Pierre reviennent du lycée. Pierre dit: "Que j'ai chaud! Marchons lentement, Raoul. Il fait trop chaud pour marcher vite."

"Tu as raison," répond Raoul, "mais quel beau temps!"

Les deux camarades continuent lentement leur route.

"Moi," dit Raoul, "j'ai soif . . . allons au café, je t'offre un citron pressé."

"Merci beaucoup, j'accepte avec plaisir," répond Pierre.

Ils sont sur le point de traverser la rue pour aller au café quand Pierre dit: "Regarde, Raoul, voilà Médor."

Médor est de l'autre côté de la rue; il ne remarque pas encore les deux garçons.

"Il va probablement chez Monsieur Brunot," dit Raoul. "Il va souvent chez le boucher à cette heure-ci. Médor a toujours faim et Monsieur Brunot donne souvent des os aux chiens vers les cinq heures. Il y a quatre ou cinq chiens qui vont régulièrement chez Monsieur Brunot et Médor est d'habitude le premier à arriver."

Les deux camarades sont au bord du trottoir. Ils attendent patiemment le bon moment pour traverser. Il y a des bicyclettes et une ou deux autos qui passent.

Soudain il y a un grand brouhaha dans la rue. Des freins grincent; les voitures s'arrêtent; des hommes crient à haute voix; une dame pousse des cris perçants, un enfant pleure . . . Enfin, tout est bruit et confusion. Les marchands sortent de leurs boutiques et la rue est pleine de monde.

"Qu'y a-t-il?"

"Y a-t-il un accident?" dit-on.

Pierre saisit Raoul par le bras.

"Raoul," dit-il, "c'est Médor. Il est là, au milieu de la rue. Allons-y."

Médor est au milieu d'un groupe de personnes qui crient et qui gesticulent.

Par terre il y a un sac à provisions, des pommes de terre, un kilo de sucre et un pot de confitures cassé.

"Quelle marmelade!" chuchote Raoul.

Mais il y a aussi par terre une bicyclette et un homme. On offre un verre d'eau à cet homme.

"Vous avez mal?" dit quelqu'un.

L'homme répond seulement: "Ce sacré chien! Ce sacré chien!"

"Oh oui, alors," crie une femme d'une voix perçante. "A qui est ce chien? Qui est-ce qui va me payer mon pot de confitures? C'est ridicule. Je proteste. Je vais chercher la police."

"Médor, viens ici," crie Raoul sévèrement.

Quand Médor entend la voix de Raoul, il aboie joyeusement, mais il ne bouge pas. Il reste à côté de la bicyclette tombée.

(*A suivre.*)

VOCABULAIRE

un après-midi, *afternoon.*
au milieu de, *in the middle of.*
une auto, *motor car.*
le frein, *brake.*
remarquer, *to notice.*
pleurer, *to cry, weep.*
par terre, *on the ground.*
traverser, *to cross.*
trop, *too, too much.*
un verre, *glass.*
vers, *towards, about (speaking of time).*

EXPRESSIONS IDIOMATIQUES

Être de l'autre côté de = *To be on the other side of.*

Être en disgrâce = *To be in disgrace.*

A qui est ce chien? = *Whose is this dog?*

Il est à Raoul = *It is Raoul's.*

GRAMMAR

A. ADVERBS.

(i) Formation.

-ment is the usual ending for adverbs in French.
-ly is the usual ending for adverbs in English.

Examples of formation of adverbs in French:

Masculine form of Adjective	*Feminine form of Adjective*	*Adverb*
heureux	**heureuse**	**heureusement** = fortunately.
joyeux	**joyeuse**	**joyeusement** = joyfully.
lent	**lente**	**lentement** = slowly.

Note this adverb: **vite** = quickly.

(ii) Position. Examples.—

Médor aboie joyeusement.
Ils marchent lentement.

In French the adverb generally follows immediately the verb it qualifies.

This is not a hard and fast rule, sometimes the advert is placed first in a sentence.

B. Idioms with **avoir.**

Here is a summary, for revision, of expressions which you have already met:

avoir . . . ans = to be . . . years old.
avoir faim = to be hungry.
avoir soif = to be thirsty.
avoir peur = to be afraid.
avoir raison = to be right.
avoir mal . . . = to be ailing or suffering.
  avoir mal à la tête = to have a headache.
  avoir mal aux dents = to have toothache.

In Chapter XVII, **"Vous avez mal?"** was used to mean "Are you hurt?"

C. Interrogative Form.

Study the following examples:—

Statement	*Question*
Raoul et Pierre marchent lentement.	**Raoul et Pierre marchent-ils lentement?**
Janine a soif.	**Janine a-t-elle soif?**

You will see that, in this type of sentence, where you have a noun as subject, you have to supply a suitable subject pronoun when you put the sentence into the interrogative. You could, of course, use **Est-ce que . . .** instead, but the above method is neater and, therefore, more usual.

EXERCISES

A. Answer in French:

1. A quelle heure Raoul et Pierre reviennent-ils du lycée?
2. Pourquoi ne veulent-ils pas marcher vite?
3. Comment marchent-ils?
4. Pourquoi Raoul désire-t-il boire quelque chose? (**boire** = to drink.)
5. Où est Médor?
6. Qui est Monsieur Brunot?
7. Pourquoi Médor va-t-il souvent chez Monsieur Brunot?

8. Pourquoi les marchands sortent-ils de leurs boutiques?
9. Qu'est-ce qu'il y a par terre?
10. A qui est le pot de confiture?

B. 1. Qu'est-ce qu'on offre à l'homme qui est par terre?
2. Qui a l'intention de chercher la police?
3. Que fait Médor quand il entend la voix de Raoul?
4. Est-ce qu'il obéit quand Raoul dit "Viens ici"?
5. Raoul est-il content de son chien?

C. (*a*) Form adverbs from:

1. Lent.	4. Joyeux.	7. Gai.	9. Dur.
2. Sérieux.	5. Heureux.	8. Frais.	10. Sévère.
3. Premier.	6. Attentif.		

(*b*) Complete these sentences by using a suitable adverb from the list you have made:

1. Ils écoutent ——.
2. Elle parle ——.
3. Le docteur parle ——.
4. Le vieux monsieur marche ——.
5. L'enfant rit ——.

D. Conjugate, giving the English of the first person:
1. J'attends mes camarades.
2. Je réfléchis.
3. J'entends la voix de ma mère.

E. Complete by using the correct form of the demonstrative adjective (**ce, cet, cette, ces**) and of **vieux, vieil, vieille,** or **vieilles**:

(Example.—Livre. Ce vieux livre.)

1. —— dame.
2. —— maisons.
3. —— homme.
4. —— arbres.
5. —— monsieur.

F. Write in the feminine:
1. C'est un prince courageux.
2. Le mari est sérieux, mais le fils est paresseux.

3. Ce beurre est bon et frais, monsieur. (N.B.—For **beurre,** substitute a feminine word such as **crème.**)
4. Quel élève? L'élève qui est assis près de ton oncle.
5. Ce jeune homme, qui est très beau, est le neveu du roi.

G. Write in the plural:

1. Voici ta petite sœur qui arrive.
2. L'amie de ma mère attend sa nièce.
3. Ton nouveau chapeau est beau.
4. Le fils de ce monsieur travaille bien.
5. Bonjour, madame; bonjour, mademoiselle.

H. Verb Practice.

(*a*)
1. (Pouvoir)-je entrer?
2. Il (écrire).
3. (Savoir)-vous qui frappe?
4. Ils (venir).
5. Les enfants (rire).
6. Que (faire)-ils?
7. J' (avoir) une bicyclette.
8. Elles (prendre) du thé.
9. Vous (dire).
10. Nous (sortir).

(*b*) Write in French:

1. He is walking
2. We are looking at.
3. You are shouting.
4. They speak.
5. We finish.
6. They are waiting.
7. She replies.
8. We listen.
9. I close.
10. You seize.

J. Write in the interrogative (without using **Est-ce que . . .**):

1. Pierre et Raoul reviennent du lycée.
2. Il fait chaud.
3. Médor aime les os.
4. Janine et Suzanne vont à la maison.
5. Vous êtes contents.

6. Madeleine travaille bien.
7. Ces dames prennent du thé.
8. Le porteur trouve un compartiment.
9. Les enfants jouent.
10. Monsieur Dumesnil achète un journal.

K. Fill in either **qui** or **que (qu')**:

1. Les garçons —— reviennent du lycée voient le chien —— est de l'autre côté de la rue.
2. L'auto —— vous voyez est une Renault.
3. C'est le boucher —— est content.
4. La dame —— crie est Madame Cordier.
5. Les bonbons —— mangent les enfants sont délicieux.
6. Le boulanger —— est dans sa boutique a des gâteaux —— il donne aux enfants.
7. La lettre —— elle écrit est pour l'Angleterre.
8. Le train —— part est pour Paris.

CHAPITRE XVIII

MÉDOR SE DISTINGUE

Raoul s'approche de Médor et le saisit par le collier. "Ce sacré chien," dit alors un monsieur à Raoul, "il voit cet homme à bicyclette et, sans raison, il se lance au milieu de la rue. Il pousse cette dame, et la fait tomber . . ."

"Oh, oui, alors," crie la dame, "et il fait tomber mon sac à provisions. Regardez donc mon sucre et mes confitures! Les voilà par terre. Qui est-ce qui va les payer?"

Raoul ne répond pas et le monsieur continue:

"Puis, ce chien enragé, il saisit cet homme par le pantalon et le fait tomber de sa bicyclette!"

"Ce chien est sûrement enragé. Il faut appeler la police," dit quelqu'un.

"C'est ça, appelons la police," dit un autre.

"Oui, moi j'y vais," dit une troisième personne.

Le propriétaire de la bicyclette se relève lentement.

"Ça va. Je vais partir," dit-il.

Mais tout le monde proteste:

"Mais non, reposez-vous!"

"Attendez la police!"

"Prenez encore un verre d'eau!"

"Battez le chien!"

Pendant que tout le monde parle et crie, Pierre remarque que l'homme est très impatient de partir. Pierre appelle Raoul. Il dit quelque chose à l'oreille de son ami. Raoul a l'air très étonné, mais il dit à Pierre: "Oui, tu as raison, elle ressemble exactement à ma bicyclette, sauf qu'elle est noire. Ma bicyclette est bleue. Et la lampe est plus grande que la lampe de ma bicyclette."

Les deux camarades examinent la bicyclette en silence.

"Est-ce que j'ose ouvrir la sacoche?" murmure Raoul.

"Oui, vas-y," dit Pierre.

Raoul commence à ouvrir la sacoche de la bicyclette, mais à ce moment-là Médor recommence à aboyer furieusement. Quelqu'un crie:

"Hé! Où allez-vous?"

L'homme se sauve à toutes jambes!

"Au voleur!" crie Pierre.

"Au voleur!" crie tout le monde. Mais il est trop tard. L'homme est déjà loin . . .

"Plus de doute possible, Raoul," dit Pierre. "C'est ta bicyclette, repeinte en noir. Cet homme est un voleur de bicyclettes."

"Oh oui," dit Raoul, "voici mon canif qui est encore dans la sacoche."

Raoul dit fièrement à tout le monde:

"Voyez-vous, ce chien n'est pas enragé. C'est un vrai détective."

"Bravo!" crie tout le monde.

"Allons chez Monsieur Brunot," dit Pierre, "Médor mérite un bel os."

Raoul pousse sa bicyclette et les deux garçons s'en vont chez le boucher. Médor les suit. Il est très fier et très content.

VOCABULAIRE

la confiture, *jam.*
(un chien) enragé, *mad (dog).*
fier, *proud.*
lancer, *to throw.*
  se lancer, *to throw oneself, dash.*
une oreille, *ear.*
le pantalon, *trousers.*
payer, *to pay for.*
pousser, *to push.*
se relever, *to get up again.*
se reposer, *to rest.*
la sacoche, *tool bag, at back of saddle.*

EXPRESSIONS IDIOMATIQUES

Au voleur! = *Stop, thief!*
Se sauver à toutes jambes = *To run away as fast as one's legs can carry one.*
Avoir l'air . . . = *To look . . .*
  Avoir l'air étonné = *To look surprised.*

GRAMMAR

A. Direct Object Pronouns, Third Persons Singular and Plural.

Examples.—

(i) **Il saisit Médor** = He seizes Médor.
Il le saisit = He seizes him.

(ii) **Le chien pousse la dame** = The dog pushes the lady.
Le chien la pousse = The dog pushes her.

(iii) **Médor suit les garçons** = Médor follows the boys.
Médor les suit = Médor follows them.

Le, la (l' in front of vowel) and **les** are used as direct object pronouns.

In French, the direct object pronouns are placed immediately **in front of** the verb.

B. **appeler** = to call. Present Tense:
j'appelle = I call, **tu appelles, il appelle,**
nous appelons, vous appelez, ils appellent.

Note that the **l** is doubled when there is a silent ending. Can you say why this is necessary? (cf. **lever.**)

S'appeler means to be named.

Comment vous appelez-vous? What is your name?
Je m'appelle Jean. My name is John.

S'appeler: je m'appelle, tu t'appelles, etc.

EXERCISES

A. Answer in French:

1. Que fait Médor quand il voit l'homme à bicyclette?
2. Pourquoi la dame tombe-t-elle?
3. Où sont les confitures de la dame?
4. La dame est-elle contente?
5. Comment le propriétaire de la bicyclette se relève-t-il?
6. Qu'est-ce que Pierre remarque?
7. Quelle est la différence entre cette bicyclette et la bicyclette de Raoul? (**entre** = between.)
8. Que fait l'homme quand Raoul ouvre la sacoche?
9. Qu'y a-t-il dans la sacoche?
10. Qui est cet homme?

B. 1. A qui est le canif?
2. Est-ce que Médor est enragé?
3. De quelle couleur est maintenant la bicyclette de Raoul?
4. Qu'est-ce que les garçons vont donner à Médor?
5. Comment vous appelez-vous?

C. Substitute direct object pronouns **(le, la, l', or les)** for the nouns in italics:

1. Raoul regarde *la bicyclette.*
2. Il ouvre *la sacoche.*
3. La dame déteste *ce chien.*
4. Il appelle *Médor.*
5. Le boucher donne *le bel os* au chien.
6. L'enfant appelle *ses parents.*
7. Le professeur distribue *les cahiers.*
8. Janine mange *la tarte.*
9. Pierre pose *les livres et les cahiers* sur son pupitre.
10. Monsieur Dumesnil lit *le journal.*

D. Substitute pronouns for the nouns in italics. In this exercise you will need to make use of subject pronouns **(je, tu, il, elle, nous, vous, ils, elles)** as well as of direct object pronouns:

1. *Monsieur Dumesnil* aime *le café.*
2. *Minou* déteste *le chien.*
3. *Madame Lebrun* visite *son amie.*
4. *Janine et Madeleine* achètent *les fleurs.*
5. *L'homme* prend *la bicyclette.*
6. *L'agent de police* cherche *la bicyclette volée.*
7. *Monsieur Dumesnil et Monsieur Lebrun* accompagnent *les enfants.*
8. *Monsieur et Madame Dumesnil* admirent *cette maison.*
9. *Madame Marie* donne *les œufs* au petit garçon.
10. *Le facteur* caresse *le chien.*

E. Using the verb **avoir**, write in French:

1. He is thirteen years old.
2. She is ten years old.
3. You are twelve years old.
4. You are right, I am twelve.
5. They are hungry.

6. I am thirsty.
7. Janine has a headache.
8. He looks surprised.
9. Are you thirsty?
10. She is hungry.

F. Write in the interrogative:

1. L'homme est un voleur de bicyclettes.
2. Médor aboie joyeusement.
3. Ils entrent dans la maison.
4. Le boucher est généreux.
5. Janine et Pierre travaillent aujourd'hui.
6. Le facteur ne vient pas aujourd'hui.
7. Vous allez au lycée.
8. Madame Dumesnil prépare le déjeuner.
9. Les enfants choisissent des gâteaux.
10. Le monsieur monte dans le train.

G. Verb Practice.

(*a*)
1. Nous (se lever).
2. Ils (se lever).
3. Nous (acheter) des fruits.
4. Quel livre (choisir)-vous?
5. Qu'est-ce qu'il (répondre)?
6. Ils (vendre) du beurre.
7. Je (s'appeler) Henri.
8. Est-ce que vous (descendre)?
9. Ils (parler) au facteur.
10. Nous (réfléchir).

(*b*)
1. Nous (vouloir).
2. Ils (venir).
3. Vous (pouvoir).
4. (Pouvoir)-je?
5. Je (aller).
6. Vous (faire).
7. Il (faire).
8. Elle (dormir).
9. Il (rire).
10. (Savoir)-vous?

DAME SOURIS

Dame Souris trotte,
Noire dans le gris du soir,
Dame Souris trotte,
Grise dans le soir.

Un nuage passe,
Il fait noir comme en un four.
Un nuage passe,
Tiens ! le petit jour !

Dame Souris trotte,
Rose dans les rayons bleus.
Dame Souris trotte,
Debout, paresseux !

PAUL VERLAINE.

CHAPITRE XIX

ON PARLE DES GRANDES VACANCES

"Raoul, as-tu fini ton goûter?" demande Madame Lebrun un après-midi.

"Oui, maman, j'ai fini mon goûter," dit Raoul.

"Veux-tu aller chez Madame Marie?" dit Madame Lebrun, "j'ai oublié d'acheter du fromage ce matin."

"Oui, maman, j'y vais," dit Raoul.

Maintenant qu'il a retrouvé sa bicyclette, Raoul aime beaucoup faire les commissions. Il prend de l'argent et un sac à provisions et va à l'épicerie.

Madame Marie: Bonjour, Raoul, qu'est-ce que je vous donne?

Raoul: Du fromage, madame, s'il vous plaît. Maman a oublié le fromage ce matin.

Madame Marie: J'ai de très beaux camemberts de Normandie.

Raoul: Très bien, papa aime beaucoup le camembert. Votre frère de Normandie va bien, madame?

Madame Marie: Très bien, merci. Mais il travaille beaucoup.

Raoul: Sa ferme est très grande?

Madame Marie: Il a trois ou quatre champs à labourer. Puis il y a les animaux: des chevaux, des vaches, des cochons, des canards, des oies et des poules. Il m'envoie de bon beurre, de la crème, du fromage et des œufs. Tout le monde achète mes œufs parce qu'ils sont toujours frais. La vie à la campagne est belle quand on aime le travail. Avez-vous décidé où vous allez passer les vacances cet été?

Raoul: Ma tante Marie a invité Janine et Pierre Dumesnil et moi à passer quinze jours au bord de la mer en Bretagne.

Madame Marie: Et vous avez accepté, sans doute? Je vous le demande parce que, chaque année, mon frère de Normandie offre l'hospitalité à des jeunes gens qui viennent l'aider à la ferme. Alors, si vous désirez, vous et vos camarades, passer trois ou quatre semaines à la campagne avant d'aller au bord de la mer . . .

Raoul: Madame Marie, quelle magnifique idée!

Madame Marie: Je vais écrire à mon frère ce soir. Mais il faut consulter vos camarades, n'est-ce pas?

Raoul: Janine et Pierre vont être enchantés de cette idée. Je vais directement chez les Dumesnil!

Raoul est maintenant impatient de partir. Il met le camembert dans son sac.

Raoul: C'est combien, le fromage, madame?

Madame Marie: Un franc trente, s'il vous plaît.

Raoul (*qui donne l'argent à Madame Marie*): Voilà, madame. Au revoir, madame, et merci.

Madame Marie: Au revoir, Raoul.

Quand enfin Raoul rentre à la maison, sa mère dit: "Tu mets longtemps à faire les commissions quand tu vas à bicyclette, Raoul."

"Oh, maman," répond Raoul, "Pierre et Janine et moi, nous avons discuté nos projets de vacances. Nous désirons aller en Normandie à la ferme de Monsieur Berthon, le frère de Madame Marie. Nous allons travailler et il nous offre l'hospitalité."

"C'est sans doute Madame Marie qui a suggéré cela," dit Madame Lebrun. "C'est une excellente idée. Madame Marie et son frère sont très gentils."

VOCABULAIRE

un après-midi, *afternoon.*
avant, *before.*
la campagne, *country.*
le champ, *field.*
la ferme, *farm.*
le fromage, *cheese.*
les jeunes gens, *young people.*
oublier, *to forget.*
la vie, *life.*

Quelques animaux de la ferme = Some farm animals.

le canard, *duck.*
le cheval (pl. **les chevaux**), *horse.*
le cochon, *pig.*
le coq, *cock.*
la poule, *hen.*
la vache, *cow.*

EXPRESSIONS IDIOMATIQUES

C'est combien? = *How much is it?*

Faire les commissions = *To do the shopping.*

Passer quinze jours au bord de la mer = *To spend a fortnight at the sea-side.*

GRAMMAR

THE PERFECT TENSE OF **-er** AND **-ir** VERBS.

Examples.—

Trouver = to find.	**Finir** = to finish.
j'ai trouvé = I have found.	**j'ai fini** = I have finished.
tu as trouvé	**tu as fini**
il (elle) a trouvé	**il (elle) a fini**
nous avons trouvé	**nous avons fini**
vous avez trouvé	**vous avez fini**
ils (elles) ont trouvé	**ils (elles) ont fini**

Interrogative:

ai-je trouvé? = have I found?	**ai-je fini?** = have I finished?
as-tu trouvé? etc.	**as-tu fini?** etc.

How many examples of the Perfect Tense can you find in Chapter XIX?

EXERCISES

A. Answer in French:

1. Qui est Madame Marie?
2. Qu'est-ce que Madame Lebrun a oublié d'acheter?
3. Qui va chez Madame Marie?
4. Quelle sorte de fromage Madame Marie a-t-elle?
5. D'où vient ce fromage?
6. Qui aime beaucoup le camembert?
7. Où demeure le frère de Madame Marie? **(demeurer** = to live.)
8. Combien de champs a-t-il?
9. Qu'est-ce qu'il envoie à sa sœur?
10. Nommez trois animaux.

B.
1. Qui a invité les trois enfants à aller au bord de la mer?
2. Que font les jeunes gens qui vont à la ferme en été?
3. Est-ce que les trois enfants désirent aller à la ferme?
4. Comment s'appelle le frère de Madame Marie?
5. Aimez-vous le fromage?

C. Conjugate, giving the English of the first person:
1. J'ai acheté du fromage.
2. J'ai fini mon exercice.
3. Ai-je décidé?

D. Write in the interrogative:
1. Ils ont saisi la bicyclette.
2. Elle a choisi un chou à la crème.
3. Il a retrouvé sa bicyclette.
4. J'ai demandé de l'argent à ma mère.
5. Nous avons fermé la porte.

E. Write the Perfect Tense of these verbs. Give the English of the first person.
1. Donner. 2. Réfléchir. 3. Frapper.

F. Complete by filling in **qui** or **que (qu')**:
1. C'est le fromage —— elle a oublié.
2. Raoul, —— a retrouvé sa bicyclette, fait les commissions.
3. Monsieur Berthon, —— est fermier, demeure en Normandie.
4. C'est Madame Marie —— donne à Raoul le fromage —— son père aime beaucoup.
5. Les fleurs —— vend cette marchande sont belles.
6. Les élèves —— sont dans cette classe travaillent bien et les exercices —— ils font sont corrects.
7. La tante de Raoul, —— demeure à St Malo, a invité les enfants.
8. La maison —— la dame regarde est à vendre.
9. Les œufs —— elle vend, sont frais.
10. Voilà les jeunes gens —— vont à la ferme.

G. Complete by filling in **du, de l', de la, des,** or **de**:
1. Les camarades —— Raoul sont contents.
2. Les champs —— fermier sont beaux.
3. La mère —— enfants est gentille.
4. Le cahier —— élève est dans son pupitre.

5. Les fenêtres —— salle de classe sont grandes.
6. Donnez-moi —— café et —— sucre, s'il vous plaît.
7. Ne voulez-vous pas —— lait?
8. Elle achète —— beaux fruits et —— pain.
9. Elle met —— eau dans le vase.
10. Il n'a pas acheté —— œufs.

H. Replace nouns in italics by pronouns:

1. Il met *la lettre* dans la boîte.
2. J'aime *le fromage.*
3. Elle appelle *son fils.*
4. Ils regardent *le tableau noir.*
5. Raoul a acheté *le fromage.*
6. Nous avons donné *le livre* au professeur.
7. La fillette fait *ses devoirs.*
8. Médor mange *son os.*
9. Minou déteste *le chien* parce qu'il est féroce.
10. Monsieur Dumesnil achète *les billets* au guichet.

J. Write these sentences in the Perfect Tense:

(Example.—Elle finit son exercice. *Elle a fini son exercice.*)

1. Il frappe.
2. Ils parlent au facteur.
3. Finit-elle son goûter?
4. Mange-t-il l'os?
5. Trouvez-vous le livre?
6. Nous réfléchissons.
7. Elle choisit un chapeau.
8. Vous regardez le journal.
9. Les enfants jouent.
10. Je finis mon exercice.

K. Write the correct form of the Present:

(*a*) 1. Elle (appeler) son frère.
2. Nous (acheter) du fromage.
3. Elles (acheter) des œufs.
4. Nous (se lever) de bonne heure.
5. Il ne (se lever) pas ce matin.
6. Elles (réfléchir).
7. Nous (saisir) nos cartables.

8. Vous (attendre) ce train.
9. Il ne (répondre) pas.
10. J' (entendre) la cloche.

(*b*) 1. (Pouvoir)-je ouvrir la fenêtre?
2. Ils (prendre) leurs billets.
3. Je (aller) à la gare.
4. Nous (aller) à l'école.
5. Est-ce qu'elle (venir) avec nous?
6. L'enfant (dormir).
7. Raoul (avoir) une bicyclette.
8. Nous (être) heureux.
9. (Savoir)-vous votre leçon?
10. Il (savoir) l'adresse de son camarade.

L. Composition: **Les vacances.**

En quelle saison sont les grandes vacances?
Où passez-vous les vacances?
Allez-vous en vacances avec vos parents?
Parlez de ce que vous faites pendant les vacances.

CHAPITRE XX

CHEZ MONSIEUR BERTHON

Nous sommes au mois de juillet; c'est aujourd'hui le trente juillet. Les enfants ont déjà passé quinze jours à la ferme. Raoul et Pierre ont décidé qu'ils désirent devenir fermiers.

Chaque jour les enfants se lèvent de bonne heure. Ils travaillent bien pendant la journée. Ils se couchent de bonne heure aussi parce qu'ils sont fatigués le soir.

Janine a adopté les poules. Chaque matin elle donne à manger à sa grande famille de poules. Le soir, elle prend un grand panier et elle cherche les œufs.

Les deux garçons montent à cheval, aident le fermier aux champs et mènent les vaches au pâturage. Monsieur Berthon est très content des enfants. Il dit: "Vous avez bonne mine, mes enfants, et je pense que vous avez grandi. Vos parents vont être très contents."

Un matin, Janine donne à manger à ses poules et Pierre et Raoul travaillent dans un champ voisin. Monsieur Berthon est au marché ce matin-là. Soudain, Janine entend des cris. Ce sont des cris perçants . . . les cris d'une femme.

"Pierre! Raoul!" crie Janine, "venez vite."

Les deux garçons arrivent en courant. "Qu'est-ce qu'il y a?" demande Raoul.

"Vous n'avez pas entendu?" dit Janine. "Écoutez, quelqu'un crie au secours."

"Oui . . . dans la direction de la maison," dit Raoul. "Allons-y."

"Je n'ai pas entendu de cris," dit Pierre.

"Mais oui, Pierre, viens vite. Quelqu'un est en danger," dit Janine qui court dans la direction de la maison.

Quand les enfants arrivent près de la basse-cour ils voient un spectacle extraordinaire: une jeune fille, très

élégante se sauve à toutes jambes, en poussant des cris perçants. Elle est suivie de trois grandes oies furieuses qui battent des ailes et allongent le cou!

Pierre commence à rire. Raoul, qui est plus galant, prend vite un bâton et détourne l'attaque des oies. "Hop-là, allez-vous-en," crie-t-il. Les oies s'en vont.

Et la jeune fille? Elle ne s'arrête pas de courir. C'est en vain que Janine crie: "Mademoiselle, revenez! Mademoiselle, il n'y a pas de danger!"

La jeune fille ouvre la barrière et disparaît.

"Elle n'est pas polie," dit Pierre. "Elle n'a pas répondu et elle n'a pas remercié Raoul."

Le soir, les enfants racontent l'incident au fermier.

Monsieur Berthon: Mais comment est-elle, cette jeune fille?

Pierre: Elle a des bas nylon et des talons très hauts pour venir en visite à la ferme. Les oies ont trouvé cela exagéré, et elles ont raison.

Raoul: Elle a du rouge aux lèvres.

Janine: Elle porte un costume bleu, très chic, et un petit chapeau blanc. Elle a les cheveux blonds.

Monsieur Berthon (*il rit*): C'est sans doute la nièce de Monsieur Daumier. Chaque été elle passe quelques jours chez son oncle, mais elle n'aime pas la campagne. C'est Daumier qui va rire si je raconte cette histoire!

VOCABULAIRE

une aile, *wing.*
la barrière, *gate.*
la basse-cour, *farm yard.*
le bâton, *stick.*
chaque, *each, every.*
le cou, *neck.*
devenir, *to become.*
grandir, *to grow.*
une histoire, *story.*
le panier, *basket.*
quelqu'un, *someone.*
voisin (adj.), *neighbouring.*
le voisin, *neighbour.*

EXPRESSIONS IDIOMATIQUES

Au secours! = *Help!*
Avoir bonne mine = *To look well.*

GRAMMAR

A. THE PERFECT TENSE OF **-re** VERBS.

Example.—**Entendre** = to hear.

j'ai entendu = I have heard.	**nous avons entendu**
tu as entendu	**vous avez entendu**
il (elle) a entendu	**ils (elles) ont entendu**

Interrogative: **ai-je entendu?** = have I heard? **as-tu entendu?** etc.

B. THE PERFECT TENSE IN THE NEGATIVE.

Examples.—

Trouver: **je n'ai pas trouvé** = I have not found, **tu n'as pas trouvé**, etc.

Finir: **je n'ai pas fini** = I have not finished, **tu n'as pas fini**, etc.

Entendre: **je n'ai pas entendu** = I have not heard, **tu n'as pas entendu**, etc.

C. THE PRESENT TENSE OF TWO MORE IRREGULAR VERBS:

Courir = to run.

je cours = I run, **tu cours, il court,**
nous courons, vous courez, ils courent.

Voir = to see.

je vois = I see, **tu vois, il voit,**
nous voyons, vous voyez, ils voient.

EXERCISES

A. Answer in French:

1. Quelle est la date aujourd'hui?
2. Combien de jours y a-t-il au mois de juillet?
3. Qu'est-ce que Raoul et Pierre ont décidé?
4. Que font les enfants à la ferme pendant la journée?
5. Comment s'appelle le fermier?
6. Que fait Janine chaque matin?
7. Dans quoi place-t-elle les œufs?
8. Pourquoi les parents des enfants vont-ils être contents?
9. Qu'est-ce que Janine a entendu un matin?
10. Que fait la jeune fille quand elle voit les oies?

B. 1. Qui rit quand il voit la jeune fille?
2. Que fait Raoul?
3. Est-ce que les oies sont courageuses?
4. Pourquoi Pierre dit-il que la jeune fille n'est pas polie?
5. Qui est la jeune fille?

C. Conjugate in full, giving the English of the first person:

1. J'ai fini mon devoir.
2. Je n'ai pas répondu.
3. Je cours vite.

D. Write in the negative:

1. Elle a crié.
2. Raoul a répondu.
3. Avez-vous entendu?
4. Il a parlé aux enfants.
5. Il a mangé des pommes. [Care! See Chapter XI, Section A. (i).]
6. Ils ont raconté l'histoire au fermier.
7. Il a saisi le bâton.
8. Nous avons choisi des gâteaux.
9. Ce monsieur a vendu sa maison.
10. A-t-elle donné un cadeau à son frère?

E. Write in the interrogative:

1. La jeune fille a crié au secours.
2. Madame Marie a vendu des œufs.
3. Le facteur a donné une lettre à la dame.
4. Les enfants ont mangé du chocolat.
5. Ils ont fini l'exercice.

F. Substitute pronouns for the nouns in italics:

1. *Raoul* chasse *les oies*.
2. *La jeune fille* ouvre *la barrière*.
3. Chaque soir *Janine* cherche *les œufs*.
4. Est-ce que *Monsieur Berthon* voit *la jeune fille*?
5. *Pierre* ne saisit pas *le bâton*.
6. *Mon ami et moi* regardons *les poules*.
7. *Monsieur et Madame Dumesnil* lisent *la lettre*.
8. *Madame Marie* vend *les œufs*.
9. *Le fermier* appelle *son chien*.
10. *Les poules* ne mangent pas *le pain*.

G. Écrivez en français:

(*a*) Les jours de la semaine.
(*b*) Les mois de l'année.
(*c*) 60, 72, 93, 80, 79, 85, 99, 100, 200, 308.

H. Complete by filling in **qui** or **que (qu')**:

1. Voilà une barrière —— est ouverte.
2. Les œufs —— il vend sont frais.
3. Il admire les enfants —— travaillent bien.
4. Les oies, —— sont furieuses, battent des ailes.
5. Raoul, —— est galant, saisit le bâton —— il voit.
6. Les poules —— Janine aime beaucoup sont dans le champ.
7. C'est le boulanger du village —— fait le bon pain —— mangent les enfants.
8. C'est la vie de la campagne —— elle préfère.
9. Cet arbre, —— est si beau, est très vieux.
10. La lettre —— il reçoit est de sa fille.

J. Rewrite these sentences in the Perfect Tense:

1. Il donne à manger aux animaux.
2. Elle regarde les oies.
3. Ils choisissent un compartiment.
4. Elles entendent des cris.
5. Il ne répond pas.
6. Elle ne joue pas avec les autres enfants.
7. Regarde-t-il le journal?
8. Préparez-vous le déjeuner?
9. Il ne finit pas son travail.
10. Je vends les œufs.

K. Write the following dates in French:

1. 21.v.1914.	5. 1.i.1900.	8. 9.xii.1939.
2. 18.iii.1953.	6. 29.viii.1949.	9. 12.iv.1925.
3. 30.xi.1860.	7. 2.ii.1951.	10. 11.vii.1940.
4. 15.vi.1789.		

L. Verb Practice. Give the correct form of the Present Tense:

1. Les enfants (courir).
2. Les oies (voir) la jeune fille.
3. Elle (courir) à la barrière.

4. (Voir)-vous le fermier?
5. Il ne (pouvoir) pas venir.
6. Nous (vouloir) aller à la gare.
7. Ils (écrire).
8. Nous (être) fatigués.
9. Vous (avoir) de belles poules.
10. Il (être) au marché.

L'ENTERREMENT D'UNE FOURMI

Les fourmis sont en grand émoi:
L'âme du nid, la reine est morte!
Au bas d'une très vieille porte,
Sous un chêne, va le convoi.

Le vent cingle sur le sol froid
La nombreuse et fragile escorte.
Les fourmis sont en grand émoi:
L'âme du nid, la reine est morte!

Un tout petit je ne sais quoi
Glisse, tiré par la plus forte.
C'est le corbillard qui transporte
La défunte au caveau du roi.

Les fourmis sont en grand émoi!

MAURICE ROLLINAT (1846-1903)

CHAPITRE XXI

LETTRE DE JANINE A SES PARENTS

St. Lô, Normandie,
le 25 août.

Cher papa et chère maman,

Merci de vos bonnes lettres. Oui, nous continuons à être très heureux ici. Comme vous le savez, nous allons chez la tante de Raoul le premier septembre. Nous attendons avec plaisir notre visite à Saint-Malo, mais nous pensons avec regret à notre départ de la ferme.

Monsieur Berthon est si bon et si gentil. Hier j'ai vendu quatre douzaines d'œufs au marché et il m'a donné tout l'argent des œufs parce que c'est moi qui ai donné à manger aux poules.

Raoul a abandonné son idée de devenir professeur d'anglais. Il veut être fermier . . . Pierre aussi. Moi, j'ai décidé de me marier avec un fermier, un jour! Raoul va demander à ses parents un cheval pour son anniversaire l'année prochaine.

Maman, veux-tu envoyer nos costumes de bain et mon bonnet à Saint-Malo, s'il te plaît? Tu as l'adresse de tante Marie. J'espère que mon costume de bain n'est pas trop petit maintenant car j'ai énormément grandi et grossi!

Comment va Minou? Il y a beaucoup de chats ici. Ils sont moins grands et moins beaux que notre Minou, mais ils sont moins paresseux aussi.

Jeudi matin, nous partons de bonne heure parce que nous avons un long voyage à faire.

Raoul envoie ses amitiés et Pierre et moi nous vous embrassons bien.

Votre fille affectueuse,

Janine.

Lettre de Madame Dumesnil a sa fille

Ma chère petite Janine,

Nous te remercions de ta longue lettre. J'ai montré ta lettre à Madame Lebrun qui dit qu'elle n'a pas de nouvelles de son fils. Dis à Raoul d'écrire à ses parents avant votre départ pour Saint-Malo. C'est un vilain garçon! Écris toi-même à tante Marie pour annoncer le jour et l'heure exacte de votre arrivée.

J'envoie par la poste vos costumes de bain et aussi des pull-overs. Au bord de la mer il fait toujours un peu frais.

Il faut faire les bagages à l'avance et c'est probablement toi qui vas faire les trois valises! Mets d'abord tout ce qui est lourd . . . souliers, appareils photographiques, etc. Que Pierre n'oublie pas sa brosse à dents!

Surtout, mes chers enfants, remerciez bien chaudement Monsieur Berthon des belles vacances passées à la ferme. Amusez-vous bien à Saint-Malo et soyez sages!

Je vous embrasse bien tous les deux et papa envoie de bons baisers.

Votre mère affectueuse,

Madeleine Dumesnil.

P.S. Minou se porte à merveille. Il passe son temps à dormir et à manger!

VOCABULAIRE

au bord de la mer, *at the seaside.*
la brosse, *brush.*
 la brosse à dents, *toothbrush.*
le bonnet (de bain), *bathing cap.*
le costume de bain, *bathing costume.*
une douzaine (de), *a dozen.*
envoyer, *to send.*
grandir, *to grow.*
grossir, *to grow fat.*
le marché, *market.*
moins, *less.*
penser, *to think.*

EXPRESSIONS IDIOMATIQUES

Avoir des nouvelles de quelqu'un = *To get news of someone.*

Faire les bagages = *To do the packing.*

Amusez-vous bien et soyez sages! = *Enjoy yourselves and be good!*

Il fait frais = *It is cool.*

GRAMMAR

Mettre = to put. Present Tense:

je mets = I put, **tu mets, il met,**
nous mettons, vous mettez, ils mettent.

EXERCISES (*Revision*)

A. Answer in French:

1. A qui Janine écrit-elle?
2. Est-ce que les enfants sont contents de quitter la ferme? (**quitter** = to leave.)
3. Janine a-t-elle vendu beaucoup d'œufs?
4. Où a-t-elle vendu les œufs?
5. Qu'est-ce que Monsieur Berthon a donné à Janine?
6. Qu'est-ce que Raoul veut devenir?
7. Comment sont les chats à la ferme?
8. Pourquoi les enfants vont-ils partir de bonne heure jeudi?
9. De qui Janine reçoit-elle une lettre? (**elle reçoit** = she receives).
10. Pourquoi Madame Dumesnil envoie-t-elle des pull-overs?

B.

1. Demeurez-vous au bord de la mer?
2. Avez-vous un costume de bain?
3. Quand on fait les bagages, qu'est-ce qu'on met d'abord?
4. A quoi Minou passe-t-il son temps?
5. Aimez-vous à écrire des lettres?

C. Write in the feminine:

1. Un vieux monsieur parle au petit garçon.
2. Le fermier a un beau coq blanc.
3. Le jeune roi est courageux et charmant.
4. Son neveu est bon et gentil.
5. Le premier élève travaille bien.
6. Mon cher papa!
7. Le nouvel élève va à la salle de classe avec son ami.
8. Mon petit frère est vilain. **(vilain = naughty.)**
9. Ton vieux grand-père est très actif.
10. Son mari et ses fils l'attendent.

D. Write in the plural:

1. Son nouveau chapeau est beau.
2. Je mets cette lettre à la poste.
3. Cet animal est très intelligent.
4. Ce chien saisit un os.
5. C'est un bel enfant qui joue là.
6. J'ai parlé à ce monsieur.
7. Le fermier aime son grand cheval noir.
8. Lève-toi, mon enfant.
9. Il choisit un beau cadeau.
10. Le fils de mon ami va en Angleterre.

E. Quelle heure est-il?

12 a.m.	11.45.	2.10.	5.25.	7.30.
9.50.	4.35.	10.30.	6.15.	8.55.

F. Write in the negative:

1. Nous avons joué.
2. Le facteur a donné des lettres à l'enfant.
3. Avez-vous fini votre travail?
4. A-t-il entendu la cloche?
5. L'enfant a attendu son père.
6. Nous nous levons de bonne heure le dimanche.
7. J'achète du pain.

8. Le voleur s'arrête devant le poste de police.
9. Levez-vous!
10. Il écrit beaucoup de lettres.

G. Verb Practice, irregular verbs. Give the correct form of the Present Tense:

1. Vous (dire) qu'elle (avoir) peur?
2. Nous (être) heureux.
3. Je (mettre) mon chapeau et je (partir).
4. (Vouloir)-vous venir?
5. Il (tenir) un bâton à la main.
6. Elle (savoir) la réponse.
7. Vous (savoir) votre leçon.
8. Il ne (pouvoir) pas venir.
9. Nous (faire) notre exercice.
10. Il (prendre) du café.
11. Ils (voir) arriver le train et ils (dire) au revoir à leurs amis.
12. Nous (courir) à l'école.

H. Write in the Perfect Tense:

1. L'enfant répond.
2. Ils ne vendent pas la maison.
3. Pourquoi attendez-vous?
4. Ils saisissent leurs valises.
5. Le chat bondit sur la chaise.
6. Est-ce que vous choisissez un cadeau?
7. Ferme-t-il la porte?
8. Entendez-vous la cloche?
9. Nous marchons.
10. Elle ne quitte pas l'enfant.

CHAPITRE XXII

CHEZ TANTE MARIE

Le voyage est terminé et nos trois amis sont maintenant chez la tante de Raoul. Tous trois l'appellent *tante Marie.* La première soirée ils sont assis au salon, après le dîner.

Pierre: Demain, je me lèverai de bonne heure et je descendrai à la plage.

Raoul: Je t'accompagnerai. J'aime beaucoup me baigner. Janine, sais-tu nager?

Janine: Oui, je sais nager. Mais je n'ai pas l'intention de me lever de bonne heure demain matin. Je resterai au lit jusqu'à huit heures, ou huit heures et demie. Je ne descendrai pas à la plage avant dix ou onze heures du matin.

Pierre et Raoul: Paresseuse!

Tante Marie (*elle rit*): Demain vous allez être fatigués, après le voyage. Reposez-vous demain matin. Vous prendrez le petit déjeuner au lit, si vous voulez.

Raoul: Non, merci, tante Marie! Je déteste rester au lit le matin. Je désire devenir fermier et, à la campagne, tout le monde se lève de bonne heure.

Pierre: Moi, je sais que je ne dormirai pas après six heures demain matin, car j'ai maintenant l'habitude de me lever de très bonne heure.

Raoul: A quelle heure te lèves-tu, tante Marie?

Tante Marie: Vers les huit heures, généralement.

Pierre: Raoul et moi, nous sortirons tout doucement de la maison.

Raoul: Oui, si tu dors, tante Marie, tu n'entendras rien.

Tante Marie: Mes enfants, faites exactement comme vous voulez. Je n'entendrai certainement rien si vous sortez à six heures ! Je dors bien, moi.

Quelques minutes plus tard, les enfants montent à leurs chambres. Ils se couchent.

Le lendemain matin, à 8 h. 15. Janine descend l'escalier. Elle ouvre la porte de la salle à manger. Personne. Elle va à la cuisine et ouvre la porte.

Janine: Puis-je entrer ?

Tante Marie: Bonjour, ma petite Janine. (*Elle l'embrasse.*)

Janine: Bonjour, tante Marie. Ah ! le bon café au lait ! J'ai faim.

Tante Marie: Tant mieux. Le petit déjeuner est prêt.

Janine: Je porterai les tasses et les assiettes dans la salle à manger.

Tante Marie: C'est ça, merci, ma petite. (*Janine va à la salle à manger et revient.*)

Tante Marie: Voici des croissants chauds. Veux-tu les mettre sur la table aussi ?

Janine: Volontiers. J'espère que Pierre et Raoul vont venir. J'ai faim !

Tante Marie: Mais sais-tu ce qu'ils font, nos deux fermiers ?

Janine: Je suppose qu'ils se baignent.

Tante Marie: Non! Ils dorment profondément, tous les deux! Ils dorment sur les deux oreilles! Je monterai les appeler maintenant.

Janine (*elle rit*): Oh non! Ce n'est pas possible! Et il est huit heures et demie! Moi, je porterai les croissants et le café dans la salle à manger. Ce n'est pas moi qui suis paresseuse!

VOCABULAIRE

accompagner, *to accompany.*
avant, *before.*
se baigner, *to bathe.*
demain, *to-morrow.*
doucement, *quietly.*
le lit, *bed.*
nager, *to swim.*
la plage, *beach.*
se reposer, *to rest.*
la soirée, *evening.*
tous les deux, *both.*
tous les trois, *all three.*

GRAMMAR

The Future Tense

1. We use this tense to describe actions which will take place and to describe things as they will be at some future time. In Chapter XXII the Future Tense is used a number of times. *I shall get up early, I shall not sleep, we shall go out*, are all examples of the use of the Future.

2. Formation. An easy tense to learn, the endings are the same for all verbs:

Singular: **-ai, -as, -a.**
Plural: **-ons, -ez, -ont.**

Examples.—

Donner: je donnerai = I shall give, **tu donneras, il donnera, nous donnerons, vous donnerez, ils donneront.**

Saisir: je saisirai = I shall seize, **tu saisiras, il saisira, nous saisirons, vous saisirez, ils saisiront.**

Entendre: j'entendrai = I shall hear, **tu entendras, il entendra, nous entendrons, vous entendrez, ils entendront.**

You will see that the Future endings are normally added to the **infinitive** of the verb. With verbs ending in **-re**, the **e** is dropped before the endings are added.

3. IRREGULAR VERBS. In Chapter XXII only those irregular verbs of which the stem is regular in the Future have been used.

Examples.—

Dormir: je dormirai, etc.
Mettre: je mettrai, etc.

4. Note the grave accent in the Future Tense of:

Se lever: je me lèverai, tu te lèveras, etc.
Acheter: j'achèterai, tu achèteras, etc.

EXERCISES

A Answer in French:

1. Chez qui sont les enfants maintenant?
2. Où sont-ils?
3. Qui sait nager?
4. Savez-vous nager?
5. Qui a l'intention de se lever de bonne heure?
6. A quelle heure Janine descendra-t-elle à la plage?
7. Est-ce que tante Marie se lèvera de bonne heure?
8. A quelle heure Janine descend-elle le lendemain matin?
9. Où est tante Marie quand Janine descend?
10. Que fait-elle?

B. 1. Qu'est-ce qu'on mange au petit déjeuner en France?
2. Qu'est-ce que Janine met sur la table de la salle à manger?
3. Est-ce que les deux garçons descendent à la plage avant le petit déjeuner?
4. Que font-ils à huit heures et demie?
5. A quelles heures de la journée avez-vous faim? (**la journée** = day.)

C. Conjugate, giving the English of the first person:

1. Je me baignerai demain. 3. Je finirai mon travail.
2. J'attendrai mes parents.

D. Give the correct form of (*a*) the Present and (*b*) the Future of the verbs in brackets:

1. Je (se lever) de bonne heure.
2. Ils (dormir) bien.
3. Nous (manger) des croissants.
4. Il (choisir) son cadeau.
5. Elle (répondre).
6. Vous (acheter) du pain.
7. Elles (sortir) de la maison.
8. Nous (réfléchir).
9. Le facteur (frapper) à la porte.
10. Le vieux monsieur (se reposer).

E. Write in French:

1. My bathing costume.
2. Her house.
3. His hens.
4. Your brother.
5. Their sisters.
6. His son.
7. His daughter.
8. Our friends.
9. My breakfast.
10. Their field.

F. Complete by filling in **du, de l', de la, des,** or **de:**

1. Voulez-vous —— lait et —— sucre?
2. Il y a —— croissants chauds sur la table.
3. J'ai —— beaux fruits mais je n'ai pas —— fleurs.
4. Cet élève a —— frères et —— sœurs.
5. Raoul n'a pas —— frère.
6. Cet enfant a —— beaux yeux bleus.
7. Donnons —— eau à ce chien.
8. Le chat préfère —— crème.
9. Mettez —— assiettes et —— tasses sur la table, s'il vous plaît.
10. L'enfant mange —— confiture.

G. Write the following sentences in the Perfect Tense:

1. L'élève écoute.
2. Tu ne fermes pas la porte.
3. Est-ce qu'il finit ses devoirs?

4. La fillette répond à la lettre.
5. Nous attendons notre tante.
6. Georges et sa sœur jouent sur la plage.
7. Le petit chien obéit à son maître.
8. Entendez-vous la cloche?
9. Le maître parle.
10. L'enfant grandit.

H. Fill in either **qui** or **que (qu')**:

1. La maison —— ils habitent est grande.
2. Les enfants, —— sont fatigués, dorment bien.
3. Voici des croissants —— sont chauds.
4. Le café —— elle fait est bon.
5. La lettre —— elle écrit est pour ses parents.
6. Voyez-vous ce monsieur —— monte dans le train?
7. Les fleurs —— portent les enfants sont pour leur tante
8. C'est tante Marie —— va être contente.
9. C'est moi —— vous invite, mes amis.
10. Les oies —— chassent la jeune fille sont furieuses.

LES PETITS POISSONS

Les petits poissons dans l'eau
Nagent, nagent, nagent, nagent.
Les petits poissons dans l'eau
Nag' aussi bien que les gros.

Les gros, les petits
Nagent bien aussi.
Les petits, les gros
Nagent comme il faut.

(*Nursery rhyme.*)

CHAPITRE XXIII

LA DISPUTE

Les trois enfants, Janine, Pierre et Raoul sont en route pour la plage. Mais ils n'arrivent pas à la plage ce jour-là. Ils s'arrêtent près d'un hôtel parce qu'ils désirent voir la fin d'un petit drame qui s'y passe. Un taxi est arrêté devant l'hôtel. Le chauffeur du taxi a l'air très impatient. Devant la porte de l'hôtel, il y a des bagages. Sur le trottoir, entre l'hôtel et le taxi, il y a un jeune homme et une jeune femme. Ils sont très chics, prêts à

partir en voyage. Mais ils sont tous les deux rouges de colère et se regardent d'un air belliqueux. La dame tient en laisse un petit chien. Il a l'air innocent et joyeux.

La dame (*tapant du pied*): Non! Je ne partirai pas sans Adolphe.

Le monsieur: Et tu ne partiras certainement pas avec ce chien. Voilà une heure que je te le répète: on ne le permettra pas. Il y a toutes sortes de formalités . . . et même si tu arrives en Angleterre avec ce chien, on le mettra pendant six mois en quarantaine, *six mois*, comprends-tu?

La dame: Non, non, non. Les Anglais sont gentils. Ils aiment les chiens. Et nous ne resterons pas six mois en Angleterre.

Le monsieur: Précisément. Et quand nous désirerons rentrer en France les difficultés recommenceront à cause du chien. Laisse le chien ici. Je trouverai quelqu'un pour s'en charger. Quand nous reviendrons, nous le retrouverons.

La dame: Non. Je serai malheureuse si je le laisse ici. (*Elle parle au chien et le caresse.*)

Le monsieur (*furieux*): Voilà qui est fantastique. Nous sommes en voyage de noces et tu parles d'être malheureuse sans ce sacré chien . . . cette espèce d'horrible petit chien!

La dame: Ne l'insulte pas! Il est beau et je l'aime et il m'aime.

Le monsieur (*saisissant une valise*): Bon, je partirai seul.

La dame (*pleurant*): Henri! Tu ne vas pas me quitter. Tu ne vas pas me laisser seule!

Le monsieur: Tu ne seras pas seule. Tu auras Adolphe.

La dame (*elle saisit le bras de son mari*): Henri, ne me quitte pas.

C'est à ce moment-là que Raoul, toujours galant, appelle doucement: "Adolphe, . . . ici, viens ici." Adolphe se libère facilement et court joyeusement vers les enfants. Raoul s'approche du monsieur et de la dame et dit poliment: "Je me chargerai d'Adolphe pendant votre absence, si vous voulez. Ma tante habite Saint-Malo, je vous donnerai l'adresse. Adolphe ne sera pas malheureux chez tante Marie. Elle adore les chiens."

* * * *

Tout est bien qui finit bien. Les jeunes mariés acceptent avec plaisir cette solution.

Rentré à la maison, Raoul demande à sa tante: "Tante Marie, aimes-tu les chiens?"

Surprise, tante Marie répond: "Pas beaucoup. Je préfère les chats. Pourquoi?"

VOCABULAIRE

se charger de, *to take care of.*
la colère, *anger.*
la fin, *end.*
la laisse, *lead.*
tenir en laisse, *to have on a lead.*
malheureux (f. **malheureuse**), *miserable, unhappy.*
la quarantaine, *quarantine.*
rester, *to stay, remain.*
le trottoir, *pavement.*
le voyage de noces, *honeymoon trip.*

GRAMMAR

THE FUTURE TENSE (*continued*)

Revise the Future endings (Chapter XXII).

Although the Future **endings** are the same for all verbs, you need to learn the Future stem of some irregular verbs.

Examples.—

Avoir: j'aurai = I shall have, **tu auras, il aura, nous aurons, vous aurez, ils auront.**
Être: je serai = I shall be, **tu seras, il sera, nous serons, vous serez, ils seront.**
Venir: je viendrai = I shall come, **tu viendras, il viendra, nous viendrons, vous viendrez, ils viendront.**

Revenir = to come back, is a compound of **venir** and the Future is **je reviendrai,** etc.

EXERCISES

A. Answer in French:

1. Où vont les enfants?
2. Pourquoi n'arrivent-ils pas à la plage?
3. Où s'arrêtent-ils?
4. Qu'y a-t-il devant l'hôtel?
5. Comment sont les jeunes mariés?
6. Comment appellent-ils le chien?
7. Est-ce que le jeune homme aime le chien?
8. Comment s'appelle le jeune homme?
9. Qui se charge d'Adolphe?
10. Où les jeunes mariés vont-ils?

B.
1. Préférez-vous les chiens ou les chats?
2. Faites la description de votre chien ou du chien d'un de vos amis.
3. Nommez trois choses qu'on voit à la gare. (**la chose** = thing.)
4. Nommez deux villes françaises.
5. Qu'est-ce qu'on porte généralement à la main quand on part en voyage? (**à la main** = in one's hand.)

C. Write the following sentences in the Future Tense:

1. Ils partent en voyage.
2. La dame ne quitte pas son chien.
3. Nous regardons la scène amusante.
4. Venez-vous avec nous?
5. Papa revient à sept heures.
6. Ils choisissent un cadeau.
7. Elle ne vend pas la maison.
8. Le chauffeur est impatient.
9. Les enfants sont contents.
10. Tante Marie prépare le petit déjeuner.
11. Les enfants descendent.
12. Nous sommes à la maison.
13. Avez-vous des devoirs à faire?
14. Que dit votre père?

15. Nous répondons à la lettre.
16. Il a faim.
17. Nous nous levons à six heures.
18. Tante Marie aime le petit chien.
19. Le boucher donne un os à Adolphe.
20. Le facteur a un paquet pour nous.

D. Write in the negative:
1. Les enfants ont joué sur la plage ce matin.
2. Le jeune homme a caressé le chien.
3. Il a donné un os au chien.
4. Les enfants ont-ils fini leurs devoirs?
5. Tante Marie a accompagné les enfants.
6. L'élève a oublié son livre.
7. J'ai acheté du fromage.
8. Ils ont regardé l'heure du train.
9. Avez-vous trouvé votre plume?
10. Raoul a envoyé une lettre à ses parents.

E. Write in the interrogative:
1. Tu as bien déjeuné.
2. Ils n'ont pas fermé la porte.
3. Vous avez fini vos devoirs.
4. Le professeur a répondu.
5. Monsieur Dupont a acheté une auto.

F. Replace nouns in italics by direct object pronouns.
(Example.—Elle regarde *les enfants.* Elle les regarde.)
1. La dame adore *le chien.*
2. Adolphe regarde *les enfants.*
3. Il quitte *sa maîtresse.*
4. Le chauffeur ne prend pas *les bagages.*
5. Aimez-vous *les chiens*?
6. Porte-t-elle *la valise*?
7. Les enfants mangent-ils *les croissants*?
8. Elle a *la laisse* à la main.
9. Tante Marie ouvre *la porte.*
10. Janine met *la lettre* dans la boîte aux lettres.

G. Write in French:

(*a*) These times:

8.15. 9.30. 10.20. 7.15. 11.45.
12.40 p.m. 7 o'clock. 1 o'clock. 6.50. 10.45.

(*b*) These dates:

1. 31.i.1953.
2. 28.xi.1949.
3. 1.vi.1940.
4. 1.iii.1928.
5. 2.xii.1900.
6. 30.viii.1850.
7. 9.ix.1801.
8. 15.vii.1951.
9. 21.xi.1921.
10. 14.vii.1946.

H. Write the correct form of the Present Tense of the verb in brackets:

1. Ils (aller) à la gare.
2. Le taxi (s'arrêter).
3. Nous (prendre) le train ce matin.
4. Vous (pouvoir) le faire.
5. Que (vouloir)-elle faire?
6. Elle (tenir) la laisse.
7. (Vouloir)-vous venir?
8. Nous (écrire) des lettres.
9. Le père ne (savoir) pas où sont les enfants.
10. Je (savoir) nager.

CHAPITRE XXIV

QUAND VOUS VISITEREZ LA FRANCE

Un jour, sans doute, vous visiterez la France. Vous recevrez, probablement, une invitation de votre correspondant français ou de votre correspondante française. Vous parlerez de cette invitation à vos parents, à votre professeur de français et à vos camarades de classe.

Vos parents diront peut-être: "Cette famille française est bien gentille de t'inviter. Remercie chaudement ton camarade. Nous l'inviterons certainement à venir en Angleterre. Mais tu désires faire ce voyage tout seul? Eh bien, peut-être . . . un jour. Nous y réfléchirons. Combien coûte le voyage?" Votre professeur de français approuvera sans doute le projet. "Allez-y, mon enfant,"

dira-t-il, "allez dans une famille française où vous parlerez français tout le temps."

Et vos camarades de classe? Les uns diront: "Si tu vas en France, n'oublie pas ton dictionnaire français-anglais, mon vieux."

Les autres demanderont: "Est-ce que tu mangeras des grenouilles, si tu vas en France?"

Beaucoup diront, tout simplement: "Tu as de la chance!"

Si vous faites des progrès en français au lycée, vos parents consentiront probablement au voyage. Alors, un beau jour, vous vous ferez photographier et vous obtiendrez votre passeport.

Ensuite, vous examinerez tous les itinéraires possibles pour aller d'Angleterre en France. Pour votre premier voyage vous choisirez probablement le chemin qui coûte le moins cher: Newhaven-Dieppe. Si vous n'avez pas le pied marin, vous choisirez peut-être le plus court chemin: Douvres-Calais. Vous ne voulez pas avoir le mal de mer, n'est-ce pas?

Enfin, vous achèterez votre billet et, muni d'un peu d'argent français pour le voyage, vous vous embarquerez.

Quand vous débarquerez en France vous passerez à la douane. Un douanier (ou une douanière) vous dira: "Avez-vous quelque chose à déclarer?" ou "Vous n'avez rien à déclarer?" Si vous n'avez rien, vous répondrez en bon français: "Non, je n'ai rien à déclarer, monsieur (ou madame)."

Ensuite vous trouverez vos amis français qui diront qu'ils sont très heureux de vous recevoir. Ils parleront probablement assez vite, mais vous comprendrez bien et vous répondrez en français.

En route pour la maison vous remarquerez que la circulation en France est à droite. Vous ferez attention en traversant les rues!

Le soir, vous écrirez à vos parents pour annoncer votre arrivée et vous prendrez votre premier dîner français.

Vous vous amuserez bien en France et vous parlerez tout le temps français, n'est-ce pas?

Au revoir, et bon voyage!

VOCABULAIRE

s'amuser, *to enjoy oneself.*
avoir de la chance, *to be lucky.*
avoir le pied marin, *to be a good sailor.*
avoir le mal de mer, *to be sea sick.*
le chemin, *way.*
la circulation, *traffic.*
coûter, *to cost.*
la douane, *customs.*
le douanier (f. douanière), *custom-house officer.*
à droite, *to the right, on the right.*
la grenouille, *frog.*
remercier, *to thank.*

EXERCISES

A. Answer in French:

1. Désirez-vous aller en France un jour?
2. Aimez-vous à voyager?
3. Avez-vous déjà visité la France? (**déjà** = already.)
4. De quelles couleurs est le drapeau français? (**le drapeau** = flag.)
5. Où vous embarquerez-vous pour aller en France?
6. Avez-vous déjà un passeport?
7. Écrivez au féminin: le douanier est gentil.
8. Où achèterez-vous des timbres en France?
9. Où achèterez-vous du pain?
10. Quelle est la capitale de la France?

B. Composition française.

Écrivez, en français, une lettre à un camarade français l'invitant à venir passer un mois chez vous en Angleterre.

NUMBERS

1	un, une
2	deux
3	trois
4	quatre
5	cinq
6	six
7	sept
8	huit
9	neuf
10	dix
11	onze
12	douze
13	treize
14	quatorze
15	quinze
16	seize
17	dix-sept
18	dix-huit
19	dix-neuf
20	vingt
21	vingt et un
22	vingt-deux
23	vingt-trois
30	trente
31	trente et un
40	quarante
41	quarante et un
50	cinquante
51	cinquante et un
60	soixante
61	soixante et un
70	soixante-dix
71	soixante et onze
72	soixante-douze
73	soixante-treize
74	soixante-quatorze
75	soixante-quinze
76	soixante-seize

77	soixante-dix-sept
78	soixante-dix-huit
79	soixante-dix-neuf
80	quatre-vingts
81	quatre-vingt-un (N.B.—**et** is *not* used after 71.)
82	quatre-vingt-deux
89	quatre-vingt-neuf
90	quatre-vingt-dix
91	quatre-vingt-onze
92	quatre-vingt-douze
93	quatre-vingt-treize
94	quatre-vingt-quatorze
95	quatre-vingt-quinze
96	quatre-vingt-seize
97	quatre-vingt-dix-sept
98	quatre-vingt-dix-huit
99	quatre-vingt-dix-neuf
100	cent
101	cent un
102	cent deux, etc.
300	trois cents
301	trois cent un
1,000	mille (invariable)
2,000	deux mille

VERB TABLES

1. Regular Verbs

Infinitive	*Present*	*Perfect*	*Future*
frapper, *to knock* (or *to hit*)	je frappe, *I am knocking* tu frappes il frappe nous frappons vous frappez ils frappent	j'ai frappé, *I have knocked* tu as frappé il a frappé nous avons frappé vous avez frappé ils ont frappé	je frapperai, *I shall knock* tu frapperas il frappera nous frapperons vous frapperez ils frapperont
finir, *to finish*	je finis, *I am finishing* tu finis il finit nous finissons vous finissez ils finissent	j'ai fini, *I have finished* tu as fini il a fini nous avons fini vous avez fini ils ont fini	je finirai, *I shall finish* tu finiras il finira nous finirons vous finirez ils finiront
répondre, *to answer*	je réponds, *I am answering* tu réponds il répond nous répondons vous répondez ils répondent	j'ai répondu, *I have answered* tu as répondu il a répondu nous avons répondu vous avez répondu ils ont répondu	je répondrai, *I shall answer* tu répondras il répondra nous répondrons vous répondrez ils répondront

2. Some Important Irregular Verbs

Infinitive	*Present Tense*
aller, *to go*	je vais, tu vas, il va, nous allons, vous allez, ils vont
avoir, *to have*	j'ai, tu as, il a, nous avons, vous avez, ils ont
boire, *to drink*	je bois, tu bois, il boit, nous buvons, vous buvez, ils boivent
connaître, *to know*	je connais, tu connais, il connaît, nous connaissons, vous connaissez, ils connaissent
courir, *to run*	je cours, tu cours, il court, nous courons, vous courez, ils courent
dire, *to say*	je dis, tu dis, il dit, nous disons, vous dites, ils disent
dormir, *to sleep*	je dors, tu dors, il dort, nous dormons, vous dormez, ils dorment
écrire, *to write*	j'écris, tu écris, il écrit, nous écrivons, vous écrivez, ils écrivent
être, *to be*	je suis, tu es, il est, nous sommes, vous êtes, ils sont
faire, *to do* or *to make*	je fais, tu fais, il fait, nous faisons, vous faites, ils font
lire, *to read*	je lis, tu lis, il lit, nous lisons, vous lisez, ils lisent
mettre, *to put*	je mets, tu mets, il met, nous mettons, vous mettez, ils mettent
ouvrir, *to open*	j'ouvre, tu ouvres, il ouvre, nous ouvrons, vous ouvrez, ils ouvrent
partir, *to depart*	je pars, tu pars, il part, nous partons, vous partez, ils partent
pouvoir, *to be able*	je peux (*or* je puis), tu peux, il peut, nous pouvons, vous pouvez, ils peuvent
prendre, *to take*	je prends, tu prends, il prend, nous prenons, vous prenez, ils prennent
recevoir, *to receive*	je reçois, tu reçois, il reçoit, nous recevons, vous recevez, ils reçoivent

Infinitive	*Present Tense*
rire, *to laugh*	je ris, tu ris, il rit, nous rions, vous riez, ils rient
savoir, *to know*	je sais, tu sais, il sait, nous savons, vous savez, ils savent
sortir, *to go out*	je sors, tu sors, il sort, nous sortons, vous sortez, ils sortent
sourire, *to smile*	je souris, tu souris, il sourit, nous sourions, vous souriez, ils sourient
tenir, *to hold*	je tiens, tu tiens, il tient, nous tenons, vous tenez, ils tiennent
venir, *to come*	je viens, tu viens, il vient, nous venons, vous venez, ils viennent
voir, *to see*	je vois, tu vois, il voit, nous voyons, vous voyez, ils voient
vouloir, *to wish, to want*	je veux, tu veux, il veut, nous voulons, vous voulez, ils veulent

Noms de garçons (Boys' names)	**Noms de fillettes** (Girls' names)
Albert	Adrienne
André	Andrée
Antoine	Antoinette
Bernard	Berthe
Charles	Cécile
Claude	Colette
David	Denise
Édouard	Elisabeth
Émile	Françoise
François	Gabrielle
Frédéric	Georgette
Gaston	Geneviève
Georges	Hélène
Guillaume	Huguette
Guy	Jacqueline
Jacques	Jeanne
Jean	Louise
Jules	Madeleine
Louis	Marguerite
Lucien	Marie
Marcel	Marise
Maurice	Monique
Michel	Nicole
Paul	Paulette
Pierre	Renée
Philippe	Rose
Raoul	Simone
René	Solange
Robert	Suzanne
Simon	Sylvie
Thomas	Thérèse
Victor	Yvonne
Yves	Yvette

VOCABULAIRE FRANÇAIS—ANGLAIS

A

à, *to, at.*
d'abord, *first of all.*
aboyer, *to bark.*
accompagner, *to accompany.*
acheter, *to buy.*
un agent de police, *policeman.*
aider, *to help.*
aie, 2nd p. sing. Imperative of **avoir.**
une aile, *wing.*
aimable, *kind.*
aimer, *to like, love.*
l'air (m.), *air.*
  le grand air, *open air.*
  avoir l'air, *to look.*
aller, *to go.*
allonger, *to stretch.*
alors, *then, so.*
un ami, *friend.*
une amitié, *friendship.*
  envoyer ses amitiés, *to send good wishes or love.*
s'amuser, *to enjoy oneself.*
un an, *year.*
anglais, *English.*
l'anglais, *English* (*language*).
un Anglais, *Englishman.*
Angleterre (f.), *England.*
une année, *year.*
un anniversaire, *birthday.*
apercevoir, *to see, spot.*
un appareil photographique, *camera.*
appeler, *to call.*
après, *after.*
un après-midi, *afternoon.*
argent (m.), *money.*
  argent de poche, *pocket money.*
un arrêt (d'autobus), *bus stop.*
s'arrêter, *to stop* (*oneself*).
arrêter, (1) *to stop,* (2) *to arrest.*
assez de, *enough.*
une assiette, *plate.*
assis, *seated.*
attendre, *to wait for.*
aujourd'hui, *to-day.*
aussi, *also.*
autre, *other.*
une auto, *motor car.*
à l'avance, *in advance.*
avant (de), *before.*
avec, *with.*
avoir, *to have.*
  il y a, *there is, there are.*
  avoir l'air, *to look, appear.*
  avoir faim, *to be hungry.*
  avoir soif, *to be thirsty.*

B

le baba au rhum, *rum baba* (*sort of sponge cake sprinkled with rum*).
les bagages (m.), *luggage.*
se baigner, *to bathe.*
le baiser, *kiss.*
le banc, *bench, seat.*
la barrière, *gate.*
la basse-cour, *farm yard.*
le bâton, *stick.*
battre, *to beat.*
  battre des ailes, *to flap the wings.*
beau (f. **belle**), *beautiful, fine.*
  c'est du beau (idiomatic expression), *a likely story!*
  il fait beau, *it is fine* (*weather*).
beaucoup de, *lots of, much, many.*
belle, fem. of **beau.**
belliqueux, *bellicose, angry.*
bête, *silly.*
le beurre, *butter.*
bien, *well, good.*
bientôt, *soon.*
le billet, *ticket.*
bis, *brown* (*bread*).
blanc, *white.*
bleu, *blue.*
blond, *fair.*
boire, *to drink.*
la boîte aux lettres, *pillar box.*

bon (f. **bonne**), *good.*
les bonbons (m.), *sweets.*
bonjour, *good-morning, good-day.*
le bonnet (de bain), *bathing cap.*
le bord, *edge.*
  le bord de la mer, *seaside.*
le boucher, *butcher.*
le boulanger, *baker.*
la boutique, *shop.*
le bras, *arm.*
briller, *to shine.*
la brosse à dents, *toothbrush.*
le brouhaha, *hullabaloo.*
le bruit, *noise.*
brun, *brown.*
le bureau, (1) *writing desk,* (2) *office.*
le bureau de poste, *Post Office.*

C

le cadeau, *gift.*
le café, (1) *coffee,* (2) *café.*
  le café au lait, *coffee with milk in.*
le cahier, *exercise book.*
le camarade, *friend.*
le camembert, *Camembert cheese.*
la campagne, *country.*
le canard, *duck.*
le canif, *penknife.*
caresser, *to stroke.*
le cartable, *satchel.*
à cause de, *on account of.*
ce (m.), *this, that.*
cent, *hundred.*
la chaise, *chair.*
la chambre (à coucher), *bedroom.*
le champ, *field.*
la chance, *luck.*
  avoir de la chance, *to be lucky.*
le chapeau, *hat.*
chaque, *each, every.*
se charger (de), *to look after.*
le chariot, *truck.*
le chat, *cat.*
chaud, *warm.*
chaudement, *warmly.*
le chef de gare, *station-master.*
le chemin, *way, route.*
cher (f. **chère**), *dear.*
chercher, *to look for.*
  aller chercher, *to go and look for, go and get.*
chéri, *dear, dearest.*
le cheval (pl. **les chevaux**), *horse.*
les cheveux (m.), *hair.*
chez, *at, at (or to) the home of.*
le chien, *dog.*
choisir, *to choose.*
le chou, *cabbage.*
  le chou à la crème, *cream bun.*
  mon petit chou, "*little pet*".
chuchoter, *to whisper.*
chut! *ssh! quietly!*
le ciel, *sky.*
la circulation, *traffic.*
le citron, *lemon.*
  le citron pressé, *fresh lemon squash.*
clair, *light (colour).*
la cloche, *bell.*
le cochon, *pig.*
le cœur, *heart.*
  avoir bon cœur, *to be kind hearted.*
le coin, *corner.*
la colère, *anger.*
le collier, (*dog*) *collar.*
combien de, *how much, how many.*
comment! *what!*
comment, *how.*
les commissions, *shopping, errands.*
le compartiment, *compartment.*
  le compartiment de fumeurs, *smoker.*
complet, (*of bus*) *full.*
comprendre, *to understand.*
compter, *to count.*
le comptoir, *counter.*
les confitures (f.), *jam.*
confortable, *comfortable.*
le congé, *short holiday, leave.*
content, *pleased, happy.*
convenable, *suitable.*
le costume de bain, *bathing costume.*
le côté, *side.*
  à côté de, *beside.*
  de l'autre côté, *on the other side.*
le cou, *neck.*
se coucher, (1) *to go to bed,* (2) *to lie down.*
la couleur, *colour.*
le coup d'œil, *glance.*
courir, *to run.*
  en courant, *running.*

coûter, *to cost.*
le crayon, *pencil.*
la crème, *cream.*
le cri, *shout, cry.*
crier, *to shout.*
  crier au secours, *to shout for help.*
le croissant, *crescent shaped roll.*
la cuillère, *spoon.*
la cuisine, *kitchen.*

D

la dame, *lady.*
dans, *in.*
de, *of, from.*
débarquer, *to disembark.*
découragé, *discouraged.*
découvrir, *to discover.*
déjà, *already.*
déjeuner, *to luncheon.*
le déjeuner, *luncheon.*
  le petit déjeuner, *breakfast.*
demain, *to-morrow.*
demander, *to ask.*
la dent, *tooth.*
se dépêcher, *to hurry.*
dernier, *last.*
descendre, *to go down, go down stairs.*
désirer, *to want.*
détourner, *to turn away, beat off.*
deuxième, *second.*
devant, *in front of.*
devenir, *to become.*
le devoir, *exercise, homework.*
  les devoirs de vacances, *holiday tasks.*
le dîner, *dinner (evening meal).*
dire, *to say.*
  c'est-à-dire, *that is to say.*
discuter, *to argue, discuss.*
disparaître, *to disappear.*
la dispute, *quarrel.*
se distinguer, *to distinguish oneself.*
distribuer, *to give out.*
dit, part of verb **dire.**
je dois, *I must* (infin. **devoir**).
donner, *to give.*
  donner à manger, *to feed.*
dormir, *to sleep.*
  dormir sur les deux oreilles (idiomatic phrase), *to sleep very soundly.*
la douane, *customs.*
le douanier, *custom-house officer.*
doucement, (1) *gently,* (2) *quietly.*
doux (f. **douce**), *mild* (*of weather*).
la douzaine, *dozen.*
le drame, *drama.*
à droite, *to* (*on*) *the right.*
durer, *to last.*

E

eau (f.), *water.*
une école, *school.*
écouter, *to listen to.*
écrire, *to write.*
un (une) élève, *pupil.*
elle, *she.*
s'embarquer, *to embark.*
embrasser, *to embrace, kiss.*
en, *in.*
enchanté, *delighted.*
encore, (1) *again,* (2) *still,* (3) *yet.*
encre (f.), *ink.*
un enfant, *child.*
enfin, *at last.*
enragé, *mad* (*dog*).
ensuite, *then, next.*
entendre, *to hear.*
entrer (**dans**), *to enter.*
envoyer, *to send.*
une épaule, *shoulder.*
un épicier, *grocer.*
un escalier, *staircase.*
espèce: cette espèce d'horrible petit chien, *that horrid little creature of a dog.*
espérer, *to hope.*
est, part of verb **être.**
et, *and.*
été (m.), *summer.*
étonné, *surprised.*
être, *to be.*
étroit, *narrow.*
expliquer, *to explain.*

F

facilement, *easy.*
le facteur, *postman.*
faible, *weak.*
faire, *to do, to make.*
  faire attention, *to be careful.*

faire noir, *to be dark.*
se faire photographier, *to have one's photo taken.*
faire sa toilette, *to wash.*
faire semblant de, *to pretend.*
faire tomber, *to drop.*
faire tomber quelqu'un, *to knock someone down.*
la famille, *family.*
fatigué, *tired.*
il faut, *it is necessary, one must.*
la faute, *fault.*
la femme, (1) *wife,* (2) *woman.*
la fenêtre, *window.*
la ferme, *farm.*
fermer, *to close.*
le fermier, *farmer.*
le feu, *fire.*
la feuille, *leaf, sheet* (*of paper*).
fier, *proud.*
fièrement, *proudly.*
la fièvre, *fever.*
avoir de la fièvre, *to have a temperature.*
la fille, *daughter.*
la fillette, *little girl.*
le fils, *son.*
la fleur, *flower.*
la fois, *time.*
fort, *strong.*
être fort en anglais, *to be good at English.*
la fourchette, *fork.*
fraîche, fem. of **frais.**
français, *French.*
le français, *French* (*language*).
un Français, *Frenchman.*
frapper, *to knock.*
frais (f. **fraîche**), *fresh.*
le frein, *brake.*
le frère, *brother.*
froid, *cold.*
froidement, *coldly.*
le fromage, *cheese.*
le front, *forehead.*
fumer, *to smoke.*
furieux, *furious.*

G

le gant, *glove.*
le garçon, *boy.*
la garde-robe, *wardrobe.*
la gare, *station.*
le gâteau, *cake.*
à gauche, *to* (*on*) *the left.*
le genou, *knee.*
gentil, *kind, nice.*
goûter, *to have "tea".*
le goûter, *light meal, "tea".*
grand, *big.*
la grande personne, *grown up.*
les grandes vacances, *summer holidays.*
grandir, *to grow.*
la grenouille, *frog.*
grincer, *to screech* (*of brakes*).
gros, *fat, thick.*

H

s'habiller, *to dress oneself.*
habiter, *to live in.*
l'habitude (f.), *habit.*
d'habitude, *usually.*
haut, *high.*
à haute voix, *loudly, aloud.*
une heure, *hour.*
de bonne heure, *early.*
il est . . . heures, *it is . . . o'clock.*
heureusement, *fortunately.*
heureux (f. **heureuse**), *happy.*
hier, *yesterday.*
une histoire, *story.*
l'hiver (m.), *winter.*
un homme, *man.*

I

ici, *here.*
une idée, *idea.*
il, *he.*
un illustré, *illustrated paper, magazine.*
un incendie, *fire.*
inquiet (f. **inquiète**), *worried.*
un itinéraire, *route.*

J

jamais, *never.*
jamais de la vie! *not on your life!*

jaune, *yellow*.
jeter, *to throw*.
jeudi, *Thursday*.
jeune, *young*.
  les jeunes gens, *young people*.
  la jeune fille, *young lady*, *girl*.
joli, *pretty*.
la joue, *cheek*.
jouer, *to play*.
le jour, *day*.
le journal, *newspaper*.
la journée, *day*.
jusqu'à, *as far as*.

K

un kilo(gramme), *kilogram* (2·2 lb.).

L

labourer, *to plough*.
la laisse, *dog's lead*.
  tenir en laisse, *to have on a lead*.
laisser, *to leave*.
le lait, *milk*.
un laitier (f. **une laitière**), *dairyman*, *milkman*.
se lancer, *to throw oneself*.
léger, *light*.
le lendemain, *next day*.
lentement, *slowly*.
se lever, *to get up*.
se libérer, *to free oneself*.
la librairie, *book shop*.
la limonade, *lemonade*.
lire, *to read*.
le lit, *bed*.
le livre, *book*.
long (f. **longue**), *long*.
loin, *far*, *distant*.
lourd, *heavy*.
la lumière, *light*.
le lycée, *grammar school*.

M

ma (f.), *my*.
le magasin, *shop*.
la main, *hand*.
maintenant, *now*.
mais, *but*.
la maison, *house*.
le maître, *master*.
mal (adv.), *badly*.
le mal, *pain*, *hurt*.
  le mal de mer, *sea-sickness*.
  avoir mal, *to suffer pain*.
  faire du mal à quelqu'un, *to hurt someone*.
malheureux (f. **malheureuse**), *unhappy*.
le (la) malade, *sick person*.
malade, *ill*.
la maman, *mother*.
manger, *to eat*.
manquer, *to miss*.
le manteau, *coat*.
le manuel, *textbook*.
le marchand, *shopkeeper*.
le marché, *market*.
marcher, *to walk*.
mardi, *Tuesday*.
le mari, *husband*.
marin: **avoir le pied marin**, *to be a good sailor*.
marmelade: **quelle marmelade!** *what a mess!*
le matin, *morning*.
mauvais, *bad*.
  faire mauvais, *to be bad weather*.
le médicament, *medicine*.
meilleur, *better*.
  le meilleur, *best*.
même, *even*.
mener, *to lead*.
merci, *thank you*.
mercredi, *Wednesday*.
la mère, *mother*.
mériter, *to deserve*.
mes (pl.), *my*.
le Métro, *underground railway in Paris*.
mettre, *to put*.
midi, *midday*.
mieux, *better*.
  tant mieux, *so much the better*.
le milieu, *middle*.
  au milieu de, *in the middle of*.
la mine, *look*, *appearance*.
  avoir bonne mine, *to look well*.
la mode, *fashion*.
moi, *me*.

moins, *less.*
sept heures moins cinq, *five to seven.*
le mois, *month.*
mon (m.), *my.*
le monde, *world.*
tout le monde, *everyone.*
monter, *to go up, go upstairs.*
la montre, *watch.*
montrer, *to show.*
le morceau, *piece, bit.*
le mouchoir, *handkerchief.*
muni de, *provided with.*

N

nager, *to swim.*
la natation, *swimming.*
neuf (f. **neuve**), *new.*
le neveu, *nephew.*
la nièce, *niece.*
noir, *black.*
la note, *bill.*
la nourriture, *food.*
nouveau (f. **nouvelle**), *new.*
nouvel, *new.*
la nouvelle, *news.*
avoir des nouvelles de, *to have news of.*
le numéro d'ordre, *numbered tickets available at bus stops.*

O

obéir, *to obey.*
obéissant, *obedient.*
obtenir, *to obtain.*
un œuf, *egg.*
offrir, *to give, offer.*
une oie, *goose.*
une oreille, *ear.*
un os, *bone.*
où, *where.*
oublier, *to forget.*
oui, *yes.*
ouvrir, *to open.*

P

le pain, *bread.*
le petit pain, *roll.*
le petit pain au chocolat, *roll with a small stick of chocolate in the middle.*
le palais, *palace.*
le panier, *basket.*
le papier, *paper.*
le papier à écrire, *writing paper.*
le paquet, *parcel.*
par, *by.*
parce que, *because.*
paresseux (f. **paresseuse**), *lazy.*
parler, *to speak.*
partir (de), *to depart, leave.*
le passant, *passer-by.*
passer, *to spend (time).*
se passer, *to happen, take place.*
patiemment, *patiently.*
le paturâge, *pasture, grazing ground.*
pauvre, *poor.*
pendant, *while, during.*
en pension, *in boarding school.*
perçant, *piercing.*
le perce-neige, *snowdrop.*
le père, *father.*
permettre, *to allow.*
personne (with **ne**, or standing alone), *nobody.*
petit, *small.*
peu, *little.*
peux, part of verb **pouvoir.**
le pied, *foot.*
à pied, *on foot.*
le plafond, *ceiling.*
la plage, *beach.*
le plaisir, *pleasure.*
pleurer, *to weep.*
il pleut, *it is raining.*
la plume, *pen.*
plus, *more.*
la poche, *pocket.*
poli, *polite.*
la pomme de terre, *potato.*
le pantalon, *trousers.*
la porte, *door.*
le porte-feuille, *note case.*
le porte-monnaie, *purse.*
porter, *to carry.*
se porter bien, *to be in good health.*
la portière, *door (of compartment).*
poser, *to put.*
le poste de police, *police station.*
le pot de confitures, *pot of jam.*

pour, *for, in order to.*
le pourboire, *tip.*
pourquoi, *why.*
la poursuite, *pursuit, chase.*
pousser, *to push.*
  pousser un cri, *to utter a cry.*
pouvoir, *to be able.*
préféré, *favourite.*
premier (f. **première**), *first.*
prendre, *to take* ("*to have*" *a meal*).
près de, *near.*
presque, *nearly.*
prêt, *ready.*
le printemps, *spring.*
prochain, *next.*
le professeur, *teacher* (*in grammar school*).
le progrès, *progress.*
  faire des progrès, *to make progress.*
le projet, *plan.*
se promener, *to go for a walk.*
propre, *clean.*
le propriétaire, *owner.*
puis, *then, next.*
puisque, *because.*

Q

quel (f. **quelle**), *what, which*
quelque chose, *something.*
quelqu'un, *someone.*
le quai, *platform.*
quand, *when.*
la quarantaine, *quarantine.*
le quart, *quarter.*
qui, *who.*
quinze jours, *a fortnight.*
quitter, *to leave* (*a place or person*).

R

raconter, *to tell.*
la raison, *reason.*
  avoir raison, *to be right.*
raisonnable, *sensible.*
recevoir, *to receive.*
recommencer, *to begin again.*
réfléchir, *to think, reflect.*
regarder, *to look at.*
la reine, *queen.*
se relever, *to get up again.*
remarquer, *to notice.*
remercier, *to thank.*
se renouveler, *to renew* (*itself*).
rentrer, *to go in again, to go back home.*
repeint, *repainted.*
le repos, *rest.*
ressembler à *to be like.*
rester, *to remain.*
retourner, *to go back.*
réussir à, *to succeed in.*
se réveiller, *to wake up.*
revenir (**de**), *to come back* (*from*).
rêver, *to dream.*
revoir, *to see again.*
  au revoir, *good-bye.*
le rhume (**de tête**), *cold in the head.*
rien, *nothing.*
rire, *to laugh.*
le roi, *king.*
le roman, *novel.*
  le roman policier, *detective story.*
rose, *pink.*
rouge, *red.*
  le rouge (**aux lèvres**), *lip-stick.*
la rougeole, *measles.*
rougir, *to blush.*
la route, *way.*
  en route pour, *on the way to.*
la rue, *street.*

S

sa (f.), *his, her.*
le sac, *bag.*
la sacoche, *tool bag* (*at back of saddle*).
sacré: ce sacré chien, *that confounded dog.*
sage, *good, well behaved.*
sain et sauf, *safe and sound.*
saisir, *to seize.*
la saison, *season.*
la salle à manger, *dining-room.*
le salon, *drawing-room.*
le salon de thé, *tea room, café.*
sans, *without.*
sauf, *except.*
se sauver, *to run away.*
  se sauver à toutes jambes, *to run away as fast as one's legs can carry one.*

savoir, *to know.*
la saynète, *playlet.*
la semaine, *week.*
sembler, *to seem.*
la serveuse, *waitress.*
ses (pl.), *his, her.*
seul, *alone.*
si, (1) *if,* (2) *so.*
le sifflet, *whistle.*
  le coup de sifflet, *blast of a whistle.*
le sirop de fruits, *fruit juice.*
la sœur, *sister.*
la soif, *thirst.*
  avoir soif, *to be thirsty.*
le soir, *evening.*
la soirée, *evening.*
le soldat, *soldier.*
le soleil, *sun.*
  il fait du soleil, *it is sunny.*
son (m.), *his, her.*
sonner, *to ring.*
sont, part of verb **être.**
sortir de, *to come out of, go out of.*
le soulier, *shoe.*
soupirer, *to sigh.*
sourire, *to smile.*
sous, *under.*
souvent, *often.*
soyez, 2nd per. pl. Imperative of **être.**
le sucre, *sugar.*
suffire, *to suffice.*
suggérer, *to suggest.*
suit, part of verb **suivre.**
suivi de, *followed by.*
suivre, *to follow.*
  à suivre, *to be continued.*
sur, *on.*
sursauter, *to start, jump.*
surtout, *especially.*

T

le tableau noir, *blackboard.*
la tache, *spot, stain.*
le talon, *heel.*
tant, *so much.*
la tante, *aunt.*
taper du pied, *to stamp one's foot.*
tard, *late.*
la tasse, *cup.*
le temps, (1) *weather,* (2) *time.*
terminé, *ended.*
la terrasse, (*terrace*) *part of the pavement on which chairs and tables are set out, in front of a café.*
la terre, *ground.*
  par terre, *on the ground.*
la tête, *head.*
le thé, *tea.*
tiens, *well! really!*
il tient, part of verb **tenir.**
le timbre, *stamp.*
toi, *thee* (*you*).
tomber, *to fall.*
toujours, *always.*
le toupet: avoir du toupet, *to be cheeky.*
tout, *all, every.*
tutoyer, to address someone in the familiar 2nd per. sing **(tu).**
tranquille, *quiet.*
le travail, *work.*
travailler, *to work.*
traverser, *to cross.*
très, *very.*
le tricot, *knitting.*
triste, *sad.*
tristement, *sadly.*
troisième, *third.*
le trottoir, *pavement.*
trouver, *to find.*

U

utile, *useful.*

V

va, part of verb **aller.**
les vacances (f.), *holidays.*
  les grandes vacances, *summer holidays.*
la valise, *suitcase.*
le vélo (vélocipède), *bicycle.*
vendre, *to sell.*
venir, *to come.*
un verre, *glass.*
vers, (1) *about* **(speaking of time),** (2) *towards.*
les vêtements (m.), *clothes.*
veux, part of verb **vouloir.**

la viande, *meat.*
vide, *empty.*
la vie, *life.*
vieille, fem. of **vieux.**
vieux (f. **vieille**), *old.*
  mon vieux, "*old chap*".
vif (f. **vive**), *lively.*
vilain, *naughty.*
la ville, *town.*
vite, *quickly.*
vive ! *long live!*
voici, *here is, here are.*
voilà, *there is, there are.*
voir, *to see.*
le voisin, *neighbour.*
la voiture, *car, vehicle.*
la voix, *voice.*
le voleur, *thief.*
  au voleur ! *stop thief!*
volontiers, *willingly.*
vos (pl.), *your.*
vouloir, *to wish, want.*
le voyage, *journey.*
  le voyage de noces, *honeymoon trip.*
vrai, *true.*

Y

les yeux (m.), *eyes.*